PLANO ASTRAL e PLANO MENTAL

Charles W. Leadbeater

PLANO ASTRAL e PLANO MENTAL

EDITORA

© Publicado em 2019 pela Editora Isis.

Revisão de textos: Rosemarie Giudilli
Diagramação e capa: Décio Lopes

DADOS DE CATALOGAÇÃO DA PUBLICAÇÃO

Leadbeater, Charles W.

Plano Astral e Plano Mental/Charles W. Leadbeater | 1ª edição | São Paulo, SP | Editora Isis, 2019.

ISBN: 978-85-8189-121-7

1. Esoterismo 2. Antigos conhecimentos I. Título.

Proibida a reprodução total ou parcial desta obra, de qualquer forma ou por qualquer meio seja eletrônico ou mecânico, inclusive por meio de processos xerográficos, incluindo ainda o uso da internet sem a permissão expressa da Editora Isis, na pessoa de seu editor (Lei nº 9.610, de 19.02.1998).

Direitos exclusivos reservados para Editora Isis.

EDITORA ISIS LTDA
www.editoraisis.com.br
contato@editoraisis.com.br

Sumário

Prefácio 7

PRIMEIRA PARTE – O PLANO ASTRAL 9

    Introdução 11

    I. O Cenário 18

    II. Habitantes Humanos do Plano Astral 29

    III. Habitantes Humanos Mortos 35

    IV. Habitantes não humanos 58

    V. Habitantes Artificiais 81

    VI. Fenômenos 95

SEGUNDA PARTE – O PLANO MENTAL 115

    I. Preliminares 117

    II. Características Gerais do Plano Mental 124

    III. Habitantes do Plano Mental 129

    IV. Condições da Vida Celeste 136

    V. Sétimo SubPlano: O Ínfimo Céu 141

    VI. O Sexto Subplano: Segundo Céu 150

VII. Quinto Subplano: O Terceiro Céu 156

VIII. Quarto Subplano: O Quarto Céu....................160

   IX. A Realidade da Vida Celeste 167

   X. O Mundo Mental Superior 175

   XI. Terceiro Subplano: O Quinto Céu 178

XII. Segundo Subplano: O Sexto Céu 182

XIII. Primeiro Subplano: O Sétimo Céu 185

XIV. Habitantes Não Humanos.............................187

Conclusão 199

Prefácio

Poucas palavras ao público requerem a apresentação deste livro que é destinado a satisfazer as demandas de uma simples exposição dos ensinamentos teosóficos, uma vez que alegam alguns que nossa literatura é demasiado abstrata, técnica e confusa para o leitor comum. Assim, esperamos que a presente obra venha satisfazer o que verdadeiramente é uma necessidade positiva.

A Teosofia não é tão somente para os eruditos. É para todos. Acaso, entre aqueles que nas seguintes páginas percebam os vislumbres do ensino teosófico, haja uns quantos que desejem penetrar mais profundamente em sua filosofia e abordar seus problemas mais abstratos com o zelo do estudante e o ardor do neófito.

Mas, esta obra não foi escrita apenas para o estudante entusiasta a quem as dificuldades iniciais não atemorizam. Também foi escrita para as pessoas ocupadas nos afazeres diários, mas onerosas de aprender algumas grandes verdades que tornam mais suportáveis a vida e menos terrível a morte. Está escrita pelos servos dos Mestres, dos Irmãos Maiores da humanidade, e não pode ter outro objetivo a não ser o de servir ao próximo.

Cabe a esperança daquele que, com suficiente interesse, leia esta obra e, sobretudo, medite sobre o que foi lido e adquira uma ideia geral do mundo astral e mental, ou seja, dos planos astral e devocional que o capacite a compreender e a situar, em sua verdadeira posição e lugar, os fenômenos relacionados com os descritos e que possam chegar ao seu conhecimento.

Ainda que apenas esbocemos tão vasto tema, bastará para demonstrar a suma importância que a percepção em ambos os planos há de ter no estudo da biologia, física, química, astronomia, medicina e história e o intenso impulso que a estas ciências poderia dar o acréscimo da referida percepção.

Primeira Parte

O Plano Astral

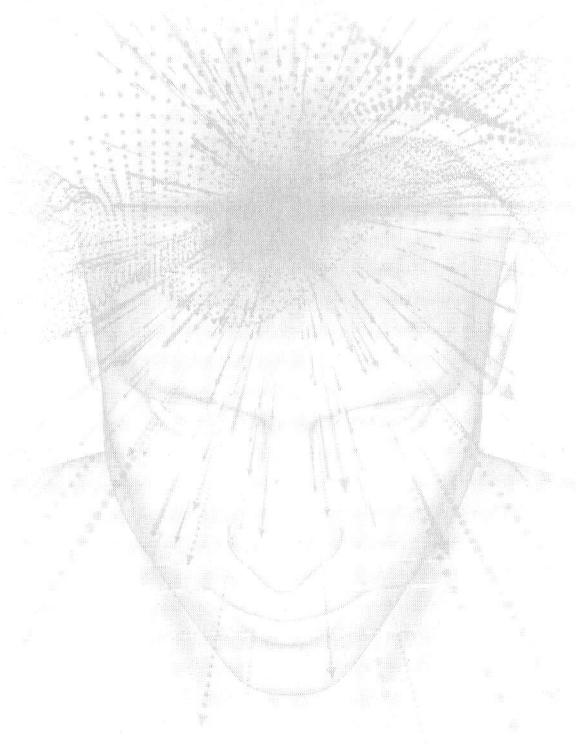

Introdução

Ainda que em sua grande maioria inconscientes disso, os homens passam toda sua vida em meio a um vasto e povoado mundo invisível. Durante o sono ou o êxtase, quando os conspícuos sentidos físicos ficam temporariamente em suspenso, mostra-se ao homem algo do dito outro mundo e, às vezes, regressa daquelas condições com memória mais ou menos vaga do que viu e ouviu ali.

Quando na mudança chamada morte desfaz-se completamente o homem do corpo físico, passa ao mundo invisível e ali vive durante os séculos que transcorrem entre suas encarnações no mundo físico. Passa o homem a maior parte de um longo período no mundo celeste; mas agora temos de nos reservar a considerar a parte inferior do mundo invisível, a condição em que se acha imediatamente após a morte, o Hades ou mundo inferior dos gregos; o purgatório ou estado intermediário dos católicos, e o que os alquimistas medievais chamaram mundo astral.

O objetivo deste Manual é percorrer e ordenar informações a respeito dessa interessante região que está disseminada pela literatura teosófica e complementá-las ligeiramente nos casos em que novos fatos tenham chegado ao nosso conhecimento. Convém advertir que as adições complementares são o resultado da pesquisa de vários exploradores pelo que não se há de receber como testemunho de autoridade, mas apenas pelo seu próprio valor.

Além do mais, tomamos quantas precauções foram possíveis para assegurar a exatidão e não aceitamos nenhum fato, velho ou novo, sem que o confirmasse o testemunho de pelo menos dois familiarizados e independentes pesquisadores e avaliassem sua exatidão, antigos estudantes cujo conhecimento desses pontos é necessariamente muito maior do que o nosso. Portanto, cabe a esperança de que o presente estudo do mundo astral, ainda que não de todo completo, seja digno da confiança tal como o relatamos. O primeiro ponto que se evidencia ao descobrir o mundo mental é sua absoluta realidade.

Emprego palavra realidade em sua acepção vulgar e corrente, para dar a entender que os objetos e habitantes do mundo astral são reais tanto quanto são nossos corpos, nossos móveis, nossas casas e monumentos.

Os objetos e habitantes do mundo astral não durarão eternamente em tal estado como não duram eternamente os objetos no mundo físico. No entanto, desde nosso ponto de vista, são realidades enquanto durem, de que não podemos prescindir ainda que a maioria da humanidade esteja, todavia, inconsciente ou vagamente consciente de sua existência.

Ninguém pode ter claro conceito dos ensinamentos teosóficos enquanto não se dê conta de que em nosso sistema solar há planos perfeitamente definidos, cada um deles com sua matéria peculiar de diferentes graus de densidade, e que as pessoas com aptidão para isso podem visitar alguns destes planos e observá-los, do mesmo modo que é possível visitar e observar um país estranho, e que da comparação das observações dos que estão em contínuo atuando em ditos planos, pode se obter a prova de sua existência e natureza, tão satisfatoriamente, pelo menos como tem a maioria das pessoas da existência da Groelândia ou de Spitzberg.

Os nomes dados a esses planos considerados em ordem de materialidade, desde o mais denso ao mais sutil, são: físico, astral, mental, búdico, nirvânico, monádico e ádico. Estes dois últimos estão, todavia, tão afastados de nossa capacidade conceptiva, que de um momento podemos prescindir deles. Convém advertir que a matéria de cada um desses planos ou mundos difere da matéria do imediato inferior em modo análogo, ainda que em muitíssimo maior grau, de como os gases diferem dos sólidos. De fato, os estados da matéria a que chamamos sólido, líquido ou gasoso são meramente as três subdivisões inferiores da matéria física.[1]

A região astral que pretendo descrever é o segundo dos sete grandes planos de nosso sistema solar, contando desde o mundo ou plano físico com que estamos familiarizados. Pode-se chamá-lo de reino da ilusão, não porque seja por si mais ilusório do que o mundo físico, mas por causa da extrema insegurança das impressões que nele recebe o visitante inexperto. Duas características principais devem ser consideradas no mundo astral:

1ª Que muitos dos seus habitantes têm a maravilhosa propriedade de mudar de forma com rapidez e de fascinar os que escolhem para se divertir com eles.

2ª Que a visão no mundo astral é muito diferente e muito mais ampla do que a visão física.

No plano astral veem-se os objetos de todos os lados de uma vez, e o interior de um sólido é tão visível como a superfície. Assim, não é estranho que um visitante inexperto apresente dificuldades em compreender o que realmente vê e que se lhe agrave a dificuldade ao expressar sua visão na linguagem inadequada dos idiomas correntes.

---

1. O leitor novato em teosofia há de ter presente que os planos e divisões materiais do sistema solar, a que alude o autor, recebem nos tratados teosóficos, indistintamente, as denominações de planos, reinos, mundos, regiões e esferas.

Um dos mais frequentes erros da não exercitada visão astral é a permutação das cifras de um número e ler, por exemplo, 139 em vez de 931 ou 913 em vez de 139.

É o caso de um estudante de ocultismo instruído por um Mestre, tais erros serão impossíveis, ao menos que haja precipitação ou descuido, considerando-se que o estudante seguiu um longo e variado curso de instrução na arte de ver corretamente, e, o Mestre ou um dos discípulos mais adiantados lhe apresente, repetidamente, todas as possíveis formas de ilusão e lhe pergunte: *O que vê?* Qualquer erro na resposta fica imediatamente corrigido e explica-se em que consistiu o erro, até que pouco a pouco o neófito adquira segurança e confiança na observação dos fenômenos do plano astral, incomparavelmente, superior a quanto é possível no plano físico.

Mas, o estudante de ocultismo não só há de aprender a ver corretamente, mas também a transferir de um a outro plano a recordação do que viu; e para ajudá-lo a conseguir isso se lhe ensina a transportar ininterruptamente sua consciência do plano físico ao astral e do astral ao mental e regressar sem troca de consciência ao mundo físico, pois enquanto não for capaz dessa continuidade de consciência nos três mundos, cabe a possibilidade de que suas recordações se percam em parte ou se tergiversem durante o intervalo em branco que separa os estados de consciência em cada um dos planos.

Quando o estudante adquirir continuidade de consciência poderá usar vantajosamente suas faculdades, não apenas durante o sono ou o êxtase atue fora do corpo físico, mas também quando esteja plenamente consciente em vida física comum.

Houve teosóficos que depreciativamente falaram do plano astral, dizendo que não merecia a menor atenção, mas me parece que se equivocam, pois com toda segurança devemos aspirar à vida espiritual, e seria desastroso para um estudante desdenhar o desenvolvimento superior e descanso que entranha o logro da consciência astral.

Conhece-se o caso dos que primeiramente constataram as faculdades mentais e, por assim dizer, saltaram acima do plano astral, mas não é este o método frequente que com seus discípulos empregam os Mestres da Sabedoria. Onde é possível o salto não cabe dúvida de que economiza muitas tribulações. Todavia, à imensa maioria dos seres humanos está proibido o progresso entre brinquedos e saltos devido às suas faltas e loucuras no passado.

Tudo quanto nos cabe é percorrer passo a passo nosso caminho; e como queremos que o plano astral seja o imediatamente superior ao plano físico, é natural que nele tenhamos nossas experiências suprafísicas.

Portanto, para os principiantes nesses estudos é interessantíssimo o do plano astral e, de sua importância, a clara compreensão de seus mistérios, pois o capacita a explicar os fenômenos das sessões espíritas, das casas frequentadas por duendes etc., que de outro modo não tem explicação racional, do mesmo modo que preserva a compreensão de possíveis perigos.

De diversos modos pode se perceber o primeiro contato com o plano astral. Alguns só uma vez em toda sua vida, por influxo de uma extraordinária circunstância, chegam a ser suficientemente sensitivos para reconhecer a presença de um habitante do mundo astral, e se não se repetir a experiência talvez com o tempo se configure terem sido naquela ocasião vítimas de alucinação. Outros veem e ouvem com crescente frequência algo para o que aqueles ao seu redor estão cegos e surdos. A experiência mais comum consiste em recordar, cada vez mais e mais claramente o que viram e ouviram em outro plano durante o sono.

Entre os que já estudaram tais assuntos, há os que tratam de atualizar a visão astral por meio da esfera cristalina e outros artifícios. Porém, os que gozem da inestimável vantagem da orientação de um instrutor idôneo, provavelmente passarão por uma primeira vez ao plano astral sob sua proteção e continuarão a lhe outorgar, até que pela aplicação de várias provas se convença de que o seu aluno se apresenta desbloqueado contra todo possível perigo ou terror que o ameace.

Todavia, seja como queira, não pode senão menos favorável na existência do homem, o reconhecimento positivo de que sempre se acha em meio a um mundo preenchido de vida ativa, do qual a maioria é inteiramente inconsciente.

Tão copiosa e múltipla é a vida do plano astral, que no princípio aturde por completo o neófito e ainda para os mais expertos investigadores não é fácil tarefa a tentativa de classificá-la e catalogá-la. Se ao explorador de uma desconhecida selva tropical se lhe demandasse não apenas a descrição do terreno explorado com exatos pormenores de sua fauna, de sua flora e geia e além do mais a do gênero e espécies das miríades de insetos, répteis, aves e mamíferos que viu, seguramente o assombraria a magnitude da empresa.

Não obstante, não tem este exemplo comparação possível com os resultados de um pesquisador psíquico, cuja tarefa é muitíssimo mais complicada, tanto pela dificuldade de transferir exatamente do plano astral ao físico a lembrança do que percebeu, quanto pela insuficiência dos idiomas humanos para expressar muito do que há de transmitir.

No entanto, do mesmo modo que o explorador no plano físico, começaria provavelmente seu relato pela descrição geral do cenário e características do país explorado, assim também é conveniente começar esse ligeiro esboço pelo plano astral com o propósito de dar alguma ideia do cenário de suas maravilhosas e sempre cambiantes atividades.

Mas, ainda no começo, a extrema complexidade do assunto opõe-nos uma quase insuperável dificuldade. Todos quantos têm plena visão no plano astral estão de acordo em afirmar que a tentativa de representar uma descrição vívida no cenário astral diante dos que, todavia, não abriram os olhos, é como falar a um cego da imensa variedade de tons e matizes do sol poente. Por muito detalhada e minuciosa que fosse a descrição, não haveria certeza de que a ideia forjada na mente do cego ouvinte de relato fosse a adequada representação da verdade.

Capítulo I

O Cenário

Antes de tudo se há de entender que o plano astral está dividido em sete subplanos, cada um deles com seu correspondente grau de maturidade e sua peculiar condição de matéria. Ainda que a insuficiência da linguagem física nos obrigue a considerar esses subplanos em escala de inferior a superior, não incorreremos no erro de crer que são separados lugares no espaço.[2]

É importante compreender que a matéria de cada plano ou subplano interpenetra a matéria do plano ou subplano imediatamente inferior em densidade, de sorte que aqui mesmo na superfície da terra estão intercalados todos os planos, ainda que as sutis modalidades de matéria se estendam tanto mais além do mundo físico, quanto maior é sua sutileza.

Assim, quando dizemos que um homem passa de um plano ou subplano a outro de menor densidade não significa que se mova no espaço para subir ou descer, mas que transfere sua consciência de um a outro nível, de sorte que pouco a pouco chega a ficar sem repostas às vibrações da matéria de mais densidade e começa a responder às vibrações de matéria menos densa e mais fina; e assim desaparece lentamente de sua

---

2. O mesmo se há de entender dos planos do sistema solar, que tampouco estão superpostos, ou estão uns acima de outros como as estantes de uma livraria ou as cascas de uma cebola.

vista o cenário de um mundo com seus habitantes, e em seu lugar aparece outro mundo de caráter superior.

Se enumerarmos os planos astrais começando pelo menos denso, encontramos divididos em três classes: os subplanos 1º, 2º e 3º que formam a primeira classe; os 4º, 5º e 6º a segunda e a terceira ou sétimo ou plano inferior que permanece isolado.

A diferente densidade de matéria astral dos subplanos da primeira classificação, em comparação com a da segunda, é como a de um líquido e de um sólido de matéria física, enquanto que a diferença entre a matéria dos três subplanos da classe primeira seria como entre líquidos de maior ou menor densidade, e a diferença entre a matéria de cada um dos três subplanos da classe 2ª seria a de entre sólidos de maior ou menor densidade, por exemplo: cortiça, aveia e aço.

Prescindido inteiramente do sétimo subplano, diremos que os 6º, 5º e 4º têm por fundo o mundo físico com todos os seus conhecidos acessórios. A vida no sexto subplano é a mesma que a vida terrestre comum, menos o corpo físico e suas necessidades, mas, ao se transferir aos 5º e 4º subplanos é cada vez menos material e se retrai mais e mais do mundo terreno e de seus interesses.

O cenário desses subplanos é o mesmo e muito mais do que o da terra, porque quando, a partir deles, observamos por meio dos sentidos astrais, até os objetos puramente físicos apresentam aspecto muito diferente, e os percebe somente quem tem os olhos completamente abertos, não apenas sob um só ponto de vista, mas por todos os lados de uma só vez, conforme ficou dito na introdução, ainda que a ideia seja bastante confusa; e se acrescentarmos que as partículas de um sólido são tão claramente visíveis como as da superfície, nós compreenderemos que tais condições até os objetos familiares podem parecer de princípio totalmente desconhecidos.

Não obstante, se consideramos o assunto, resultará que a visão astral está muito mais próxima da verdadeira percepção do que a visão física.

Por exemplo, se em um plano astral olharmos os lados de um hexaedro de cristal parecerão iguais, tais como realmente são, enquanto que no plano físico o lado mais distante aparecerá em perspectiva, menor do que o lado próximo, o que é desde logo mera ilusão ótica. Essa característica da visão astral motivou que se diga dela em muito sugestiva e expressiva frase, que é a visão da quarta dimensão.

Mas, além dessas possíveis causas de erro, complica enormemente o assunto a circunstância de que essa visão superior percebe modalidades de matéria, ainda que puramente físicas, são invisíveis em condições comuns como, por exemplo, os gases constituintes da mescla atmosférica, as radiações emanadas de tudo quanto vive e também quatro graus de matéria física, mais sutil que a gasosa, que na falta de nomes distintos, chamamos etérea.[3]

A pesquisa das vibrações da matéria etérea e o modo como a afetam as forças superiores constituiria por si um vasto campo de estudo, profundamente, interessante para todo cientista dotado da necessária faculdade para a pesquisa.

Ainda quando por imaginação tenha se percebido tudo quanto abarca o já exposto, não se compreende, todavia, nem a metade da complicação do problema, porque além das quatro novas modalidades da matéria física nós temos de tratar com numerosas e intrincadas subdivisões de matéria astral.

---

3. Esta matéria eterna não tem nada a ver com o éter que alguns físicos admitem como meio de propagação das ondas luminosas, de calor, elétricas, magnéticas e radiativas procedentes do sol, a qual forma por si uma espécie de sistema que interpenetra os outros três graus de matéria física.

Cada partícula de matéria física tem sua contraparte de matéria astral, e essa contraparte não é um corpo simples, mas, geralmente é um corpo complexo constituído de várias categorias de matéria astral. Além do mais, todo ser vivente está rodeado de uma atmosfera ou limbo peculiar chamada aura, e a dos seres humanos é um fascinante ramo de estudos. Percebe-se como uma massa oval de neblina luminosa de estrutura muito complicada, e por seu formato costuma-se chamá-la de ovo áureo.

O leitor teosófico se congratulará ao saber que ainda nas primeiras etapas de seu desenvolvimento estudantil, quando começa a atualizar a visão astral, já é capaz de convencer-se pela observação direta, a exatidão dos ensinamentos recebidos por conduto da senhora Blavastky sobre alguns os *sete princípios do homem*. Quando o estudante de ocultismo atualiza a visão astral, já não vê no próximo apenas o aspecto externo, mas quase como exatamente extensivo com o corpo físico denso distingue com toda clareza o duplo etéreo ou parte sutil do corpo físico, e também resulta evidente a circulação por todo o corpo e luz rosada do fluído vital que absorve e especializa e, eventualmente, irradia a pessoa sã.

Mais brilhante e o que mais facilmente se percebe do todo é o verdadeiro corpo astral em forma de aura que com seus vívidos e sempre cambiantes fulgores crômicos denotam as emoções, sentimentos, afetos e desejos que de momento em momento predominam no ânimo de um homem.

Depois da aura ou corpo astral está o corpo mental ou aura da mente inferior, de matéria mais sutil do que a astral e cujas cores, lenta e gradualmente cambiantes durante a vida do homem, mostram a tônica dos seus pensamentos e a disposição e caráter da sua personalidade. Contudo, o mais delicado e infinitamente mais formoso quando plenamente desenvolvido é o corpo causal ou mente superior, o veículo do Ego cuja vivíssima luz demonstra o grau de adiantamento que se acha no seu trânsito entre dois nascimentos. Todavia, para ver as auras mental, astral e causal é necessário que o estudante tenha atualizado a visão nos respectivos planos.

O estudante evitará muitas dificuldades quando aprender a considerar tais auras como a manifestação positiva do Ego nos respectivos planos, não como meras emanações.

Há de compreender que o ovo áureo é o verdadeiro veículo do Ego, não o corpo físico condensado no plano terrestre.

O corpo causal, constituído por matéria dos três subplanos superiores do plano mental é o veículo ou vestimenta do Ego enquanto permanece no plano causal, ou seja, o conjunto dos três subplanos superiores do plano mental e, quando desce para reencarnar, reveste-se de um corpo chamado mental, por ser constituído de matéria dos quatro subplanos inferiores, do plano mental, necessário para atuar neles. Este corpo mental é também chamado de corpo devacânico.

Mas, não se detém na sua descida até a reencarnação, mas tal plano propriamente mental desce ao astral, de cuja matéria forma-se um corpo chamado pelo mesmo corpo astral, além dos demais já possuídos corpos – causal e mental. Finalmente, desce até o plano físico onde assume um corpo de matéria física.

Desde logo se compreende que esses corpos, ou veículos, ou envolturas não são sobrepostos como as peças de vestir de uma pessoa, mas que se interpenetram, de sorte que o corpo causal ocupa o centro à moda de núcleo e difunde suas radiações por toda a massa das entremeadas modalidades de matéria constituinte dos diversos corpos, de sorte que o Ego residente no ovo áureo ou corpo causal preside a todos eles.[4]

---

4. Remeto o leitor à minha obra *O homem visível e invisível*.

Como queira que os corpos do homem se interpenetrem, necessita-se de muito estudo e prática para distingui-los à primeira observação.

Todavia, a aura humana, ou melhor, dizendo, uma parte dela, costuma ser unificada aos objetos puramente astrais que primeiramente percebe o observador inexperiente, ainda que arrisque interpretar erroneamente as indicações da aura.

O chamado duplo etéreo é constituído, conforme já dissemos, por quatro graus de matéria física mais sutil do que a gasosa, mas muito mais densa do que a astral e, portanto, é a parte mais sutil do corpo físico, ainda que invisível à visão comum.

Ao examinarmos com as faculdades psíquicas o corpo de um recém-nascido, o acharemos impermeabilizado ou interpenetrado não apenas por matéria astral de diversos graus de densidade, mas também pelos vários graus de matéria etérea; quer dizer que observaremos o corpo astral e o duplo etéreo ou parte etérea do físico, e se prosseguirmos na indagação, veremos que esse duplo etéreo é formado pelos agentes dos Senhores do Karma e é o molde a que há de se ajustar à formação da parte densa, no claustro materno. Mas, o corpo astral é formação involuntária do ego ao descer para a reencarnação e atravessar o plano astral. Na constituição do duplo etéreo se confundem os quatro graus de matéria física etérea, mas a proporção em que entreveem é muito variável e depende de vários fatores, tais quais: raça, sub-raça, karma individual e caráter do homem

Ao levarmos em conta que os quatro graus de matéria etérea resultam de numerosas combinações que por sua vez formam agregados que entram na constituição do átomo do chamado elemento químico, acharemos que o duplo etéreo é sumamente complexo, e suas possíveis variações são praticamente infinitas, de sorte que, por estranho e complicado que seja o karma de um indivíduo, os agentes dos Senhores do

Karma podem formar um molde ao que se ajuste o corpo físico denso de conformidade com o karma do indivíduo. Uma prova evidente da infinita variabilidade plástica do duplo etéreo nos é dada também pela infinita diversidade de traços fisionômicos que tão assinaladamente distinguem uns de outros nos milhões de seres humanos entre os quais pode haver semelhança, mas jamais identidade.

Reforça esse argumento a consideração de que também se nota essa admirável infinidade de variação em cada um dos elementos fisiológicos do rosto.

Em relação ao aspecto que oferece a matéria física vista do plano astral, há de se advertir também que quando a visão astral está plenamente atualizada é capaz de aumentar até o tamanho, se desejar, da visão das ínfimas partículas físicas, como se observado fossem com um ultramicroscópio amplificador muito potente.

A molécula e o átomo postulados pela química são visíveis realidades para o estudante de ocultismo que os percebe muito mais complexos do que supõe a ciência. Também aqui se abre um extenso campo de estudo de absorvente interesse a que se poderia dedicar todo um volume; e se um pesquisador científico tivesse a visão astral completamente atualizada, não apenas teria mais facilidades de experimentação com os fenômenos já conhecidos, mas também se ampliaria enormemente o campo de seus conhecimentos com novos fenômenos que necessitariam toda uma vida para sua completa observação.

Por exemplo, uma das mais belas novidades alcançadas pelo uso da visão astral seria a percepção visual de cores existentes fora do espectro solar, entre elas, as cores ou raios infravermelhos e ultravioletas que a ciência descobriu por outros meios. Contudo, não haveremos de nos encaminhar por estas veredas, sem contrair nossos esforços a dar uma ideia geral do aspecto do plano astral.

Ainda que, segundo dissemos, os objetos comuns do mundo físico formam o fundo dos subplanos inferiores do plano astral, percebe-se deste plano outras características, de modo que seu verdadeiro aspecto difere consideravelmente do que nos é familiar no mundo físico. Assim, por exemplo, um rochedo visto em nível astral não é já, uma inerte massa de pedra. Vê-se de repente toda a massa em vez de uma pequena parte dela; são perceptíveis as vibrações de suas partículas físicas, e observa-se a contraparte astral constituída de diversos graus de matéria astral, cujas partículas também estão em constante vibração. Além do mais, vê-se como a vida universal circula pela massa e dela irradia, formando uma aura de pouca variedade e curta extensão, e como a essência elemental a interpenetra sempre ativa e flutuante. Evidentemente, que as complicações se apresentam mais numerosas nos reinos: vegetal, animal e humano.

Poderá objetar-se que a maioria dos psíquicos que ocasionalmente tem vislumbres do plano astral não alude a semelhantes complicações nem tampouco dão conta delas as entidades que se manifestam nas sessões espíritas. Mas, se desvanece facilmente a objeção ao considerar que são muito poucas as pessoas inexperientes, já viventes ou desencarnadas, capazes de ver no mundo astral as coisas como realmente são, pois para isso se requer dilatada experiência, e ainda os que têm por completo atualizada a visão astral estão, às vezes, demasiado ofuscadas e confusas para compreender e recordar o que percebem. Além do mais, entre a exígua minoria dos que percebem e recordam, poucos são os capazes de traduzir a lembrança à linguagem do nosso baixo mundo. Os psíquicos inexperientes nunca examinam cientificamente o que percebem no mundo astral. Tão só recebem uma impressão que pode ser verdadeira, mas que também pode ser falsa e completamente alucinante, sobretudo, se considerarmos os frequentes ardis dos brincalhões habitantes do mundo astral contra os quais a pessoa inábil costuma estar absolutamente indefesa.

Por outra parte, há de se ter presente que em circunstâncias comuns a generalidade dos habitantes do mundo astral, tanto humanos quanto elementais percebem os objetos astrais, pois a matéria física é para eles tão inteiramente invisível como o é a matéria astral para a maioria da humanidade terrena. Apenas veem a contraparte astral dos objetos físicos, e esta distinção, ainda que pareça insignificante, é muito essencial para completa compreensão do assunto.

Se uma entidade astral atua constantemente valendo-se de um médium, seus sentidos astrais podem perder sua agudeza até se tornarem insensíveis às vibrações da matéria do seu próprio plano, e unicamente às vibrações da matéria do físico, cujos objetos serão percebidos, então, como nós os percebemos. Simplesmente, o que nesta vida terrena tem do todo atualizada a visão astral e é plenamente consciente em ambos os planos físico e astral, pode perceber clara e simultaneamente os objetos de ambos os planos.

Portanto, a complexidade existe e unicamente quando se percebe e com espírito científico se analisa, há completa segurança contra qualquer erro.

Quanto ao sétimo e ínfimo subplano do plano astral, também é seu fundo nosso mundo físico, mas se tem dele apenas uma visão falsa e parcial, porque todo o belo, o bom e luminoso permanece invisível. Há quatro mil anos descreveu este lugar o papiro egípcio do escriba Ani, nos seguintes termos: *"Que lugar é este para onde vim? Não há água, nem ar. É profundamente insondável; negro como a mais negra noite, e, os homens vagam irremediavelmente errantes. Não pode o homem viver aqui com coração sossegado. Para o desafortunado ser humano que se acha neste plano astral é verdade positiva que a terra toda está cheia de trevas e cruéis moradias. Mas as trevas surgem do interior do indivíduo, cuja existência transcorre pelo mesmo numa perpétua noite de horror e de malignidade. É um verdadeiro inferno, ainda que, como todos os infernos, criação mental do próprio indivíduo".*

Muitos estudantes consideram tarefa desagradável ao extremo da investigação deste subplano astral, porque sua densa e grosseira materialidade é indescritivelmente repulsiva para o liberado corpo astral que experimenta sensação tão penosa como se atravessasse negro e viscoso fluido, com o acréscimo de que também os habitantes e as influências são sumamente ingratos.

Os três primeiros subplanos astrais, ainda que ocupem o mesmo espaço, são muito menos materiais e dão a impressão de estar mais afastados do mundo terrestre. Os habitantes destes três subplanos já não se preocupam com o mundo físico nem com seus pertences materiais. Estão no geral, profundamente ensimesmados, e eles criam o próprio ambiente, o bastante objetivo para que o percebam outras entidades astrais e também os clarividentes.

Estes três subplanos constituem indubitavelmente a "terra do verão" ou "país estival" de que tanto se ouve falar nas sessões espíritas, e sem dúvida que as entidades que dali procedem, a descrevem, dizem a verdade o quanto alcança sua compreensão.

Nos ditos três planos, as entidades humanas desencarnadas, a que o vulgo das pessoas e os espíritas chamam impropriamente "espírito" constroem com a imaginação suas casas temporãs, escolas e cidades de realidade provisória, ainda que o clarividente não as perceba tão belas como a seus comprazidos criadores lhes pareça.

Existe, porém, algumas dessas criações originárias da mente, bastante formosas, e para aquele que não conheça nada melhor recreie-se passeando por bosques e montanhas, hortos e jardins e pelas margens de lagos aprazíveis, de muito mais amenidade do que como se vê no mundo físico, pois cada qual pode compor seu ambiente à medida do poder de sua fantasia. Quanto às diferenças entre os três subplanos superiores do plano astral serão de mais fácil explicação quando tratarmos das entidades humanas que os povoam.

Ficaria incompleta a descrição do cenário astral, se não mencionássemos os impropriamente chamados "registros na luz astral". Esses registros ou anais ou arquivos ou recordações são a rigor uma espécie de materialização da memória de Deus, uma vívida representação fotográfica de tudo quanto se passou, mas estão permanentemente impressos num nível muito superior ao astral e refletem-se mais ou menos espasmodicamente no plano astral, de sorte que, quem não tenha visão superior a astral, somente poderá obter dos registros ou arquivos informes e dados incompletos e desconectados em vez de uma narração coerente. Contudo, essas representações de sucessos passados reproduzem-se constantemente no plano astral e formam uma parte muito interessante do ambiente do pesquisador.

Capítulo II

Habitantes Humanos do Plano Astral

Os habitantes humanos do mundo astral dividem-se em duas secções: os encarnados que, todavia, têm corpo físico e os desencarnados ou os que já não têm corpo físico. Também podemos considerá-los respectivamente viventes e mortos no mundo físico. Os primeiros são os que durante a vida física podem manifestar-se no plano astral, isto é, que são capazes de permanecer em outro mundo. Subdividem-se em quatro classes, a saber: os Adeptos e seus discípulos; o indivíduo psiquicamente desenvolvido, mas não sujeito à guia de um adepto; o indivíduo vulgar, o mago negro e seus discípulos.

1ª Classe: O adepto e seus discípulos

As entidades pertencentes a essa classe não empregam como veículo o corpo astral, mas o mental constituído com matéria dos quatro subplanos inferiores do plano mental. Tem esse veículo a vantagem de permitir o transporte instantâneo do plano mental ao astral e é adequado ao uso em qualquer tempo dos potentes e agudos sentidos mentais. Como a vista astral não percebe o corpo mental, o discípulo que atua no plano astral aprenderá a se revestir de um véu de matéria deste plano, a fim de se tornar visível às entidades astrais e poder auxiliá-las mais eficazmente. O Mestre forma esse véu transitório à primeira vez que o discípulo vai usá-lo e ensina-lhe de modo a formar até que saiba formá-lo pronta e desembaraçadamente. Esse véu, ainda que reproduza com toda exatidão o aspecto externo da configuração pessoal humana, não contém nada de matéria do corpo astral próprio da entidade, mas é análogo à materialização de uma entidade astral em um corpo físico.

Nas primeiras etapas de seu desenvolvimento, pode o discípulo atuar no corpo astral, mas quando um indivíduo penetra no plano astral guiado por um competente instrutor, com qualquer dos veículos tem ali plena consciência e é capaz de funcionar perfeita e facilmente em todos os subplanos. É o mesmo indivíduo, tais quais os seus pais e amigos o conheceram na terra, exceto os princípios inferiores ao do veículo que use, mas com os poderes adicionais e faculdades próprios de sua alta condição, que o capacitam a efetuar mais fácil e, eficazmente, durante o sono de seu corpo físico, a obra teosófica que embarga sua mente nas horas de consciência em vigília.

A recordação completa e exata no mundo físico, de quanto fez e aprendeu no plano astral, dependerá de sua habilidade para transferir sem intromissão sua consciência de um a outro mundo.

O investigador encontrará, eventualmente, no plano astral, estudantes de ocultismo de todas as partes do mundo, pertencentes às lojas ou associações que nada têm a ver com os Mestres conhecidos dos teósofos e, no entanto, muitos deles são ardorosos e abnegados pesquisadores da verdade. Todavia, referidas lojas ou associações conhecem pelo menos a existência da Grande Fraternidade Branca e sabem que dela participam os maiores adeptos conhecidos hoje na terra.

2ª Classe: O psiquicamente desenvolvido que não está sob o amparo de um Mestre

O indivíduo pode ou não ser desenvolvido espiritualmente, porque o desenvolvimento psíquico não vem necessariamente unido ao progresso espiritual. As faculdades psíquicas com que nascem alguns indivíduos são o resultado de esforços realizados em encarnação anterior, que foram de caráter nobilíssimo e sumamente não egoísta, ou, pelo contrário, torpes e mal dirigidos e ainda completamente indignos.

Portanto, poderá o psíquico ser perfeitamente consciente ao atuar fora do corpo físico, mas por falta de adestramento expõe-se a tremendos enganos a respeito do que percebe. Será capaz de atuar em todos os subplanos do astral, ainda que geralmente se veja atraído a um subplano e, raramente, transpõe o limite de sua influência. A recordação do que percebeu pode variar, conforme o grau de desenvolvimento, por todas as etapas compreendidas entre a perfeita exatidão até a completa tergiversação ou o completo esquecimento. Sempre se manifestam os indivíduos dessa classe em corpo astral, posto que eles não sabem de que forma atuar no corpo mental.

3ª Classe: O indivíduo comum

Carece de faculdades psíquicas e flutua vagamente em seu corpo astral durante o sono do físico em condição mais ou menos inconsciente. Durante o sono profundo, o Ego com o corpo astral retira-se do físico e permanece em sua contiguidade, mas se o indivíduo está muito pouco desenvolvido psiquicamente fica tão inativo como o corpo físico. Não obstante, em alguns casos, o corpo astral flutua como em sonhos, ao impulso das correntes astrais e, eventualmente, reconhece outros Egos na mesma condição e tem experiências agradáveis ou desagradáveis, cuja recordação irremediavelmente confusa com frequência, transmutando em caricatura grotesca do realmente ocorrido, leva o indivíduo a concluir que teve um sonho muito estranho.

Todas as pessoas cultas têm hoje aguçados os seus sentidos astrais, então, bastaria que se resolvessem a examinar as realidades que os rodeiam durante o sono do corpo físico, para tirar delas o máximo proveito em aprendizado. Mas, na maioria dos casos não têm tal determinação, uma vez que empregam a maior parte das noites em uma espécie de estudo estéril, meditando profundamente sobre qualquer pensamento predominante em sua mente quando estão dormindo. Possuem faculdades astrais, mas não as usam adequadamente, quer dizer que ainda que despertos no plano astral não se deem conta de que não estão ali, de sorte que têm apenas vaga percepção do que os rodeia.

Mas, quando um homem assim chega a ser discípulo de um Mestre da Sabedoria, desperta subitamente de sua sonolenta condição, percebe as realidades que no mundo astral o rodeiam e procura aproveitá-las em estudo e trabalho, de modo que suas horas de sono já não são ociosas, mas repletas de ativa e útil ocupação sem desprezo do saudável repouso que demanda o corpo físico. (Veja-se a esse propósito a obra: *Protetores invisíveis*).

Esses desprendidos corpos astrais são quase amorfos e de indefinidos contornos nos casos das raças selvagens e dos indivíduos sem cultura. Contudo, o corpo astral dos indivíduos mental e espiritualmente desenvolvidos está já definido e tem muita semelhança com o aspecto do corpo físico

Costuma-se indagar se a maioria dos habitantes do mundo físico é gente de escasso desenvolvimento mental e espiritual e se o corpo astral dessa gente é de tão vagos contornos como é possível reconhecer no corpo astral o homem normal. Para responder a essa pergunta se terá em conta que visto o corpo físico por um clarividente aparece rodeado por uma aura ou neblina luminosa, de configuração ovoide, que ressalta do corpo físico em todas as direções até a distância de uns 45 centímetros.

Todos os clarividentes são unânimes em afirmar que essa aura é sumamente complexa e contém matéria de todos os planos correspondentes a dos veículos que atualmente está provido o homem. De momento, vamos nos restringir a considerar como um observador percebe a aura, cuja capacidade superior de visão seja a astral. Para semelhante observador a aura observada conteria unicamente matéria astral e lhe pareceria um estudo muito simples. Não obstante, advertiria que dita matéria astral não apenas rodeia o corpo físico, mas que o interpenetra e que na periferia do corpo é a matéria astral muito mais densa do que na zona áurica, acaso provenha essa maior densidade da atração da grande quantidade de matéria astral densa que forma a contraparte das células do corpo físico, mas, seja como for, resulta sem dúvida que a matéria astral contígua à superfície do corpo físico é muito mais densa do que a da zona áurea.

Quando durante o sono, o corpo astral se retrai do físico, persiste a aura, e o clarividente perceberá tal corpo astral semelhante à forma do corpo físico, rodeada de aura. Essa forma será, então, constituída tão somente por matéria astral, mas ainda se distinguirá claramente à diferença de densidades apesar de ser toda a massa de matéria astral.

Agora, quanto à diversidade de aspecto entre o do indivíduo inculto e o do culto, se bem que no inculto são reconhecíveis sempre as facções e a configuração, ainda que manchadas, a aura é não mais do que um festão indefinido de neblina sem regularidade nem permanência de contornos. No homem culto ou algo evoluído, é notável a mudança tanto na forma quanto na aura. A forma é, nesse caso, uma reprodução semelhante à do corpo físico, e a aura apresenta contornos definidos e não lhe alteram as variadas correntes que se agitam ao seu redor no plano astral. Independentemente das condições das faculdades psíquicas da humanidade e fase de evolução, e há indivíduos em todas as etapas ou estágios de desenvolvimento, essa classe vai se transferindo pouco a pouco à anterior.

4ª Classe. O Mago Negro e seus Discípulos

Esta classe corresponde-se com a primeira como o negativo corresponde-se com o positivo e as trevas com a luz, pois o grau de desenvolvimento é o mesmo, mas com aplicação oposta. O adepto ou mago branco aplica suas forças ao bem, enquanto que o mago negro as aplica ao mal, isto é, que as usa egoisticamente em proveito próprio em vez de empregá-las em benefício da humanidade.

Entre as categorias inferiores de magos negros, figuram os membros da seita chamada *Obeah* ou *Vudu*, cujos horríveis ritos praticam alguns povos de raça negra. Também são magos negros os curandeiros e feiticeiros de muitas tribos selvagens. Mas, os magos negros de primeira categoria, por seu poderoso intelecto e em circunstâncias mais culpáveis, são os Dugpas do Tibete, ou seja, os pertencentes à subdivisão butanesa da seita Kagyu do budismo tibetano, conforme demonstrou Waddell em sua obra: *O Budismo do Tibete*. Certamente, praticam os Dugpas a magia tântrica, todavia, supera-os os de seita Ninmapa ou do casquete vermelho e ainda são mais abjetos os da seita Bonpa ou sequazes da religião aborígene, que nunca quiseram aceitar nenhuma modalidade de budismo. A seita dos Gelugpa é maligna contumaz. As demais não são necessariamente más, porém mais cinza, porque há nelas relaxamento na negrura das práticas, ainda que também mais indivíduos egoístas do que entre os rigorosos reformadores do budismo.

Capítulo III

Habitantes Humanos Mortos

Antes de tudo convém advertir que o qualificativo de mortos dado, vulgarmente, aos seres humanos já não viventes no mundo físico é, a rigor, absurdo, pois o ser humano sempre está vivo em um ou em outro mundo e, com frequência, está muito mais vivo do que nós que os denominamos mortos. Portanto, este qualificativo deve ser aplicado aos seres humanos que temporariamente carecem de corpo físico. Subdividem-se nas nove classes seguintes:

1ª classe: Os *Nirmânakâyas*

Esta classe é excepcional e somente é mencionada para completar a série, porque é muito raro que tão excepcionais seres se manifestem em um mundo para eles tão inferior como o astral. Quando por alguma razão relacionada com sua sublime obra, convém-lhes manifestar-se no plano astral, elaboram-se previamente um corpo astral com a matéria atômica do plano, assim como o adepto em corpo mental elabora um corpo astral porque o seu próprio seria invisível no mundo astral. Para se capaz de atuar sem um momento de vacilação em qualquer plano, retém o *nirmânakâya* um átomo da matéria de cada plano, que lhe serve de núcleo em cujo torno se agrupa a matéria do respectivo plano quando se há de elaborar com ela o corpo necessário para se manifestar em dito plano.⁵

2ª Classe: Os discípulos em espera de reencarnação

Expôs-se em vários tratados teosóficos que quando um discípulo chega a certo grau de aperfeiçoamento é capaz, com o auxílio de seu Mestre, de contornar a ação da lei natural que, ordinariamente, obriga os desencarnados a obter no mundo celeste o resultado da plena atualização das forças espirituais, que com suas altas aspirações mobilizaram durante sua vida terrena.

Como se espera que o discípulo seja um homem de pura conduta e altos pensamentos, o mais provável é que suas forças espirituais sejam de extraordinária intensidade, e se fosse ao mundo celeste, sua permanência ali seria sumamente extensa, pelo que prefere seguir o Caminho da Renúncia, imitando, ainda que de modo humilde, o exemplo do insigne Mestre da Renúncia, Gautama, o Buda, de sorte que emprega toda aquela energia espiritual armazenada em benefício da humanidade; assim por infinitesimal que seja sua oferenda, participa modestamente da grande obra dos *nirmânakâyas*. Ao proceder desse modo não resta dúvida de que renuncia a séculos de intensa felicidade, mas em troca tem a imensa vantagem de continuar sem interrupção sua vida de progressiva atividade.

Quando um discípulo decide renunciar ao devacan, desprende-se definitivamente do corpo físico, ao invés de se desprender do interinamente como até então fizera, e aguarda no plano astral que seu Mestre lhe disponha nova encarnação. Com este procedimento se afaste muito do comum, é preciso solicitar licença de uma alta autoridade para realizá-lo, e que o

---

5. Mais informações da atuação dos nirmânakâyas podem ser encontradas na obra de Blavatsky: *A Voz do Silêncio* e na minha e *Protetores Invisíveis*.

discípulo há de ter sumo cuidado em se manter estritamente em nível astral, pois, se por um momento sequer tocasse o plano devacânico ou mundo mental ficaria arrastado pela irresistível corrente da evolução normal.

Em alguns casos, por certo muito raros, economizam-se ao discípulo os transtornos de novo nascimento, infundindo-se num corpo adulto cujo possuidor já não necessita dele, mas nem sempre se encontra um corpo a propósito em semelhantes circunstâncias. O mais frequente é que, como já dissemos, espere o discípulo no plano astral a eventualidade de um oportuno nascimento. Mas, contudo, não perde seu tempo, porque continua sendo o mesmo que sempre foi e é capaz de prosseguir com a tarefa que seu Mestre lhe recomendou, ainda mais pronta e eficazmente do que quando atuava em corpo físico, porque não tropeça no estorvo da possibilidade de fadiga. Atua com plenitude de consciência com igual facilidade em todos os subplanos do astral.

Não é o discípulo à espera da reencarnação uma entidade muito frequente no mundo astral, mas se lhe encontra, ocasionalmente, e por isso forma uma das nove classes. Sem dúvida que conforme avança a evolução humana e maior número de indivíduos entre no Caminho da Santidade, será mais numerosa esta classe.

3ª Classe: O homem comum após a morte

Certamente, que esta classe é muito mais numerosa do que as classes já citadas, e o caráter e condição dos seus indivíduos variam entre limites enormemente distantes e, portanto, também varia a duração de sua vida astral, pois, enquanto somente alguns permanecem ali alguns dias ou horas, outros estão há muitos anos e até há séculos. Quem durante a vida terrena tenha seguido boa e pura conduta e cujos mais vivos sentimentos e aspirações tenham sido espirituais, não egoístas, não se afeiçoará ao plano astral nem achará nele grande coisa que lhe sirva nem que possa pô-lo em atividade durante o curto período de sua estada. Porque se entenderá que após a morte do corpo físico, o Ego retrai-se em si mesmo e deve, enquanto lhe seja possível, rejeitar também o corpo astral e passar ao mundo celeste, onde frutifiquem suas aspirações espirituais.

O homem de nobre conduta e puros sentimentos será capaz de fazê-lo assim porque subjugou durante a vida terrena as paixões mórbidas, dirigiu sua vontade para canais superiores e deixou pouca energia de sinistros desejos que tenham de se consumir no plano astral. Portanto, sua atuação ali será muito curta, e o mais provável é que tenha consciência confusa até que caia no estado de sono durante o qual o Ego se libere do corpo astral e entre na beatífica vida do mundo celeste.

Para quem, todavia, não entrou no Caminho do oculto desenvolvimento, é um ideal quanto acabamos de descrever, mas nem todos, nem sequer a maioria chega a realizar esse ideal, uma vez que o indivíduo não se livra de seus maus desejos antes da morte e necessita de longo período de mais ou menos plena consciência nos subplanos do astral para que se extingam as forças sinistras que engendrou.

Todo ser humano há de passar depois da morte física por todos os subplanos do astral em seu caminho para o mundo celeste, mesmo que não os siga que haja de ser consciente em todos eles. Do mesmo modo que é necessário que o corpo contenha em sua constituição matéria sólida, líquida, gasosa e etérea, assim também é indispensável que o corpo astral contenha partículas de todos os graus de matéria astral, ainda que as proporções variem muitíssimo nos diferentes casos.

Convém recordar que junto com a matéria de seu corpo astral o homem atrai a correspondente essência elemental, e durante sua vida essa porção de essência desagrega-se da massa circundante e forma uma espécie de elemental artificial com existência própria definida, ainda que temporária e segue o curso de sua involução natural sem conhecimento das conveniências ou interesses do Ego a que está aderido, do que resulta a perpétua luta da alma com as incitações da carne a que tão frequentemente aludem os autores religiosos.

Entretanto, ainda que haja nos membros uma lei que se rebele contra a lei do espírito e ainda que se o homem ceda à lei de seus membros em vez de reprimi-la, entorpecerá gravemente sua evolução, não será considerada como um mal absoluto, porque a rigor, também é uma lei, uma efusão da divina energia que seu curso ordenado de involução até a matéria densa, em vez do curso do Ego que vai ascendendo e se separando dela.[6]

Quando o corpo físico morre, e o homem passa ao mundo astral, as desintegradoras forças da natureza começam a atuar sobre seu corpo astral, e o citado elemental tem, então, existência de perigosa entidade separada. Portanto, prepara-se o homem à defesa e a manter em coesão o corpo astral tanto tempo quanto lhe seja possível, para o qual reordena a matéria constituinte em uma série de camadas, deixando no exterior a mais densa por ser a mais resistente à desintegração.

Permanece o homem nesse ínfimo subplano até se desprender dele ao seu verdadeiro ser e, então, concentra sua consciência na seguinte capa constituída por matéria do sexto subplano, isto é, que se transfere a este subplano. Desse modo, eliminam-se do corpo astral as partículas de matéria correspondentes ao subplano do que já se retraiu o Ego por não sentir atração por ele, de sorte que a densidade do corpo astral diminui à medida

---

6. Paráfrase do texto de São Paulo, no versículo 23 do capítulo VII, da Epístola aos romanos.

que sobe de nível e unicamente se detém quando a densidade do seu corpo astral é a mesma que a da matéria de um subplano. Assim se explica que algumas entidades astrais que se manifestam nas sessões espíritas advirtam que estão a ponto de se elevar a esferas mais altas até o ponto onde lhes será impossível ou pelo menos muito difícil se comunicarem mediunicamente e, de fato, é impossível a uma entidade residente no subplano superior do astral se comunicar com um médium.

Dessa forma, vemos que a permanência do Ego em qualquer subplano do astral está precisamente em relação com a quantidade de matéria que de referido subplano contém o seu corpo astral, durante a vida terrena, e os desejos que satisfez. Por conseguinte, é possível que quem tenha vivido em conformidade com a divina lei, com emoções harmônicas e com puros e altos pensamentos, tenha, ao morrer o corpo físico, quantidade muito pequena no seu corpo astral de matéria dos subplanos inferiores, de sorte que logo as forças desintegradoras eliminarão essa curta quantidade de matéria grosseira e poderá o ego ascender até o subplano cuja densidade seja a mesma que a da matéria de seu corpo astral.

Se o indivíduo foi, durante sua vida terrena, inteiramente espiritual, seu corpo astral será tão sutil que atravessará em rápida ascensão todos os subplanos do astral e despertará conscientemente no subplano inferior do mundo celeste ou plano mental, chamado também plano devacânico.

Desde logo, de acordo com o exposto, os conceitos de ascensão, subida, passagem etc. são puramente convencionais, pois na realidade, os planos e subplanos não estão superpostos nem escalonados como as camadas de uma cebola ou os degraus de uma escadaria, mas se interpenetram apesar da diferente densidade de suas matérias, de modo similar ao ar que é impenetrável na água potável.

Assim é que, ao dizer que o Ego passa de um subplano a outro, não damos a entender que se mova no espaço, mas que enfoca sua consciência naquele subplano.

No ínfimo subplano do astral permanecem apenas indivíduos que durante sua vida terrena alimentaram paixões sinistras e desejos brutais, os bêbados habituais, os luxuriosos, os avaros, os egoístas e cruéis. Permaneceram ali durante certo tempo proporcional à intensidade de suas sinistras emoções, com terríveis sofrimentos emanados do que seus torpes desejos são tão vivos como na terra e não podem satisfazê-los, a menos que se tornem obcecados por algum vivente no mundo físico que alimente os mesmos desejos e se valham do seu corpo físico para satisfazê-los.

Os indivíduos de conduta honesta pouco acharão, provavelmente, que os retenha no ínfimo subplano do astral, mas se seus pensamentos e desejos durante a vida física focaram tenazmente nos interesses materiais, se deterão no sexto subplano, atraídos, todavia, pelos lugares que frequentaram e as pessoas com as quais intimamente conviveram.

De análoga índole são os subplanos quinto e quarto, mas não atraem tão intensamente ao desencarnado as coisas do mundo terrestre, e propenso a modelar seu ambiente em relação com a índole do seu mais persistente pensamento.

No terceiro subplano advertimos que seus habitantes vivem em cidades imaginárias, ainda que não seja cada indivíduo na cidade por ele imaginada, mas como herança e ampliação das construídas imaginativamente por seus predecessores. Ali se encontram as igrejas, escolas e casas da terra de verão ou país estival tão frequentemente descritas nas sessões espíritas. Mas, ao observador vivente na terra que visita referido subplano não lhe parecem semelhantes construções tão reais e formosas como as consideram seus criadores.

O segundo subplano parece a especial residência do tartufo religioso dos clérigos e prelados egoístas e de nula espiritualidade que se ufanam dos seus preciosos ornamentos e se jactam de ser a representação pessoal da deidade particular de seu país e de sua época.

O primeiro subplano parece estar, particularmente, apropriado aos que durante a vida terrena se entregaram às investigações intelectuais de tipo materialista, não precisamente em benefício da humanidade, mas por motivo de ambições egoístas ou por esporte e treinamento intelectual. Tais indivíduos permanecem durante longos anos neste primeiro subplano, satisfeitos na resolução de seus problemas intelectuais, mas sem beneficiar ninguém e adiantando muito pouco ao seu caminho para o mundo celeste.

Devemos entender que a ideia de espaço aberto, como foi dito, não se associa de modo algum com esses subplanos. Uma entidade desencarnada que atue em um dos subplanos do astral poderá trasladar-se ao ponto da atmosfera terrestre para onde leve seu pensamento, contudo, o traslado de lugar não será capaz de enfocar sua consciência no subplano imediatamente superior até que esteja cumprido o processo de desassimilação, anteriormente explicado.

Essa regra não tem exceção, que saibamos, ainda que naturalmente as ações do homem quando se acha consciente em um subplano possam, dentro de certos limites, encurtar ou alongar sua relação com ele.

Mas, a intensidade de consciência de um indivíduo em determinado subplano não segue invariavelmente a mesma lei. Por exemplo, suponhamos o caso extremo de um homem que traz de sua encarnação anterior tendências, cuja manifestação requer grande quantidade de matéria do sétimo subplano astral, mas em sua vida presente teve ocasião de conhecer em seus primeiros anos a possibilidade e a necessidade de subjugar ditas tendências. É pouco provável que seus esforços para as subjugar tenham completo êxito. Contudo, caso não o tivessem, as grosserias de seu corpo astral, lentamente, seriam substituídas por partículas finas.

Esse processo seria muito lento e poderia ocorrer que o indivíduo morresse antes de ter substituído pelas finas a metade das partículas grosseiras, pelo que ainda restaria bastante matéria do ínfimo subplano em seu corpo astral para obrigá-lo a permanecer ali longo tempo. Mas, também, teria no seu corpo astral matéria por cujo meio não tinha o hábito de atuar em tal encarnação e, como esse hábito não se contrai de repente, o resultado seria que o indivíduo permaneceria no ínfimo subplano até desintegrar a matéria que desse subplano contivesse seu corpo astral, ainda que fosse inconsciente e de certo modo adormecido, sem que o afetassem as desagradáveis influências do subplano. A ideia não ficou muito clara.

Digamos de passagem que a comunicação mútua das entidades astrais está limitada como no mundo físico, pelo conhecimento individual; quer dizer que somente se comunicam e tratam e se relacionam entre si os indivíduos que têm as mesmas ideias, o mesmo idioma e as mesmas simpatias, enquanto que um discípulo é capaz de usar seu corpo mental para comunicar seus pensamentos às entidades humanas mais fácil e rapidamente o fazem por meio de impressões mentais.

A ideia poética que considera a morte tal qual niveladora universal é um absurdo nascido da ignorância, pois na imensa maioria dos casos a perda do corpo físico não altera o caráter moral e intelectual do indivíduo, ou seja, entre os habitantes e desencarnados do mundo astral há a mesma variedade de mentalidades e moralidades que observamos no mundo físico.

Os ensinamentos religiosos vulgares do Ocidente a respeito da escatologia humana, ou como se diz em termos teológicos dos novíssimos ou finais do homem, foram e continuam sendo tão inexatos, que ainda indivíduos de clara inteligência encontram-se terrivelmente perplexos ao recobrar a consciência no plano astral depois da morte física. A condição em que se vê o recém-chegado difere tão radicalmente do quanto se lhe ensinou a esperar, que muitos resistem a crer que tenham morrido. Tão escasso valor prático tem a crença vulgar jactanciosa na imortalidade da alma, que grande número de indivíduos considera o fato de estar consciente uma prova absoluta de que não morreram.

Além do mais, à terrível doutrina das penas eternas serão imputados lastimosos e infundados terrores que sobressaltam os recém-chegados. Em muitos casos passam longo período de agudo sofrimento mental antes de ser ver livres da influência funesta de tão horrenda blasfêmia e convencem-se de que o universo não é governado pelo capricho de um demônio que se deleita com a angústia humana, mas pela benévola e paciente lei da evolução. Muitíssimas entidades astrais da classe que estamos considerando não têm verdadeiro conceito da evolução e passam sua vida astral com a mesma indiferença com que passaram sua vida física. E assim após a morte, como antes dela, poucos se dão conta de sua situação, nem sabem dela tirar mais proveito, enquanto que muitos são os que lograram este conhecimento, de modo que, como sempre ocorre, o ignorante não está disposto a ouvir o conselho nem a seguir o exemplo do sábio.

Mas, qualquer que seja o grau de inteligência da entidade astral flutua continuamente, porque a mente inferior está influenciada em sentidos opostos pela natureza espiritual que atua desde os níveis superiores até as poderosas forças do desejo que atuam em níveis mais baixos. Portanto, a mente inferior oscila entre as duas atrações ainda que com a crescente tendência para a natureza superior à medida que as forças do desejo vão se debilitando até se extinguirem completamente.

Aqui intervém uma das objeções contra as sessões espíritas. Um indivíduo sumamente ignorante ou muito degradado poderia aprender muito e bem, posto em contato com uma reunião de pessoas estudiosas presididas por um instrutor prestigioso. Mas, maioria dos indivíduos da classe que consideramos, a consciência está se transferindo da natureza inferior à superior, e para que desde o mundo físico o ajudem a evoluir é necessário extrair de seu estado passivo a natureza inferior e reavivá-la para pô-la em contato com um médium.

O perigo dessa comunicação está em considerar o modo com que o Ego se retrai em si mesmo, pois não é capaz de influir em sua natureza inferior, porque enquanto não se separa completamente pode gerar karma que, dadas as circunstâncias, será de preferência sinistra.

A parte da influência que de um médium pode receber uma entidade astral, há outra muito mais frequente capaz de retardar o progresso de uma entidade desencarnada no seu caminho para o mundo celeste. Esta sinistra influência é a da pena aguda e irreprimível que pela perda do ser amado experimentam seus parentes e amigos. Este é um dos resultados tétricos da equivocada e irreligiosa ideia acerca da morte, que desde há séculos domina o Ocidente, que não apenas ocasiona intenso e desnecessário duelo pela separação temporária dos seres amados, mas que a aguda aflição dos que ficam prejudica grandemente o que se encaminhou ao lado dos seus.

Quando um irmão desencarnado que se portou corretamente durante a vida terrena some pacífica e naturalmente na inconsciência que precede seu despertar nos esplendores do mundo celeste, perturbam-lhe as vibrações dos prantos, lamentos e gemidos que aguçam a recordação das coisas do mundo que acaba de deixar.

Seria conveniente que perante a desencarnação de um ser amado, a dor pela perda fosse reprimida em benefício daquela que partiu, que, por natural que possa ser, é essencialmente egoísta. Não quer dizer com isso nem muito menos, que os ensinamentos ocultos aconselhem o olvido dos mortos; antes, pelo contrário, afirmam que a afetuosa recordação dos que já saíram deste mundo é uma força que acertadamente dirigida no sentido do desejo fervente que chegue ao mundo celeste, lhe será sumamente proveitosa, enquanto que queixumes, lamentos e prantos copiosos não somente são inúteis, mas prejudiciais. Com instinto seguro, a religião hinduísta prescreve as cerimônias fúnebres do shraddha, e a igreja católica as orações pelos defuntos.

Sucede, todavia, às vezes, que o desejo de comunicação provém do descarnado, pela necessidade em que se encontra de advertir algo de excepcional importância aos que deixou na terra como, por exemplo, o local onde está guardado um testamento que se crê perdido, ainda que mais frequente o desejo da comunicação é trivial, mas, seja como for, se está firmemente arraigado no ânimo do falecido, convém que possa realizá-lo, pois, do contrário, a ansiedade manteria atraída constantemente sua atenção pelas coisas da terra, estorvando-lhe a passagem ao mundo celeste. Em tal caso, um psíquico capaz de compreendê-lo ou um médium que lhe sirva de instrumento de comunicação poderá prestar-lhe um verdadeiro serviço.

Acaso se pergunte por que o desencarnado não pode falar ou escrever sem o auxílio de um médium. A razão é que um estado de matéria pode somente atuar sobre o estado imediatamente inferior e como o desencarnado não tem no seu organismo outra matéria densa do que a do seu corpo astral é impossível a ele provocar vibrações sonoras no ar nem mover um lápis, sem tomar emprestada matéria etérea, que é a imediatamente inferior à astral, com que pode transmitir um impulso desde o plano astral ao plano físico. Não pode subtrair esta matéria de uma pessoa normal cujos princípios estão intimamente enlaçados porque não dispõe de meios suficientes para separá-lo. Mas, como a característica da mediunidade é a fácil separação dos princípios constituintes do homem, pode extrair, sem dificuldade de um médium, a matéria de que necessita para se manifestar.

Quando a identidade desencarnada, desejosa de comunicação com os encarnados, não encontra um médium específico ou não sabe como valer-se dele, faz grosseiros e desatinados esforços para se comunicar por sua conta, e a intensidade do seu desejo põe em cega atuação forças elementares de que resultam as incoerentes manifestações do repique de timbres, chuva de pedras, movimento de móveis etc. Se por acaso um psíquico ou um médium vai ao local onde semelhantes manifestações se produzem, pode ser capaz de averiguar que entidade é a causa e, ao receber sua comunicação, dará fim às perturbações. Entretanto, não será sempre esse o caso, pois as forças elementares podem pôr-se em ação por várias causas.

4ª Classe: A Sombra

O ego, com seus princípios superiores, ao se separar definitivamente do corpo astral, termina a vida astral e passa ao mundo mental ou condição devacânica. Assim como na morte física, desprende-se o Ego do corpo físico, do mesmo modo na morte astral afasta-se o corpo astral que também se desintegra como se desintegrou o físico. Caso o ego tenha se purificado completamente de todo desejo mundano e de toda paixão sinistra durante a vida terrena e dirigiu suas energias para a linha da não egoísta aspiração espiritual, ficará revestido do corpo mental como envoltura externa, e o desfeito corpo astral será um cadáver como o foi um tempo o desfeito corpo físico.

Ainda no caso de um indivíduo que não tenha sido tão virtuoso durante sua vida física, se logrará quase o mesmo resultado se as forças dos desejos sinistros e paixões se esgotam durante a vida astral. Mas, a imensa maioria dos humanos faz tão somente débeis e frios esforços durante a vida terrena para reprimir e rechaçar os impulsos nocivos de sua natureza inferior e em consequência condenam-se a mais prolongada permanência no plano astral e também à perda de uma porção de sua mente inferior.

Evidentemente, que essa frase é um método material de expressar o reflexo da mente superior na inferior; mas se terá mais clara ideia do que efetivamente sucede se adotamos a hipótese de que a mente envia uma parte de si mesma à personalidade de cada encarnação e espera reintegrá-la ao fim da vida terrena enriquecida com todas as suas variadas experiências. Mas, a maioria das pessoas se escraviza tão lastimosamente a seus baixos desejos, que uma porção da sua mente inferior se entretece tão intimamente com o corpo astral, que com ele se separa do Ego. Portanto, nesse caso o desfeito corpo não apenas constará de matéria astral, mas também das partículas de matéria mental com ela entretecidas e por que não dizer que assim ficarão dissociadas da mente inferior.

A proporção de matéria astral e de matéria mental inferior contida no corpo desfeito depende do grau em que a mente inferior entreteve-se com paixões sinistras e baixos desejos. A combinação de ambas as classes de matéria é tão forte, que ao passar o corpo desfeito pelos subplanos do astral, não pode se separar a parte mental. Assim, se põe em existência uma entidade temporária chamada "A Sombra", que não é de modo algum o ego ou verdadeiro ser humano que passou a mundo celeste, mas, que, no entanto, oferece a mesma aparência da personalidade que teve na terra e conserva sua memória e suas extremas características até o ponto em que se pode confundir com a entidade real como de fato costuma confundir-se nas sessões espíritas.

Certamente, essa sombra não é capaz de personificação no sentido de atribuir-lhe consequência, todavia suas reminiscências simulam a verdadeira identidade e cabe supor o horror dos pais e amigos do desencarnado se soubessem que a pretendida manifestação do ente querido não é mais do que um inanimado feixe de suas qualidades inferiores.

A duração da sombra varia conforme a quantidade de matéria mental que contém e, como está em contínuo processo de desintegração, vão se debilitando suas vibrações, ainda que por sintonização pode se comunicar subtraindo algo da matéria mental do médium que lhe serve de instrumento. Também por sintonização é capaz que afetem a sombra todas as correntes malignas, e por sua própria índole é incapaz de responder às correntes harmônicas. Por essa circunstância, presta-se a que a manejem facilmente em seu proveito os magos negros de categoria inferior. Ao se desintegrar a sombra, a matéria mental que conteve funde-se com a massa do plano mental sem passar a fazer parte do corpo mental de nenhum indivíduo.

5ª Classe: O Cascarão

É o cadáver astral no último grau de desintegração, quando já não lhe resta nenhuma partícula de matéria mental. Carece por completo de inteligência, porque lhe faltam as vibrações da matéria mental, e as correntes astrais arrastam-no como nuvem empurrada pelo vento. Mas, se chega a contatar com a aura de um médium, pode ficar momentaneamente galvanizada em lívida máscara de vida com os mesmos traços fisionômicos da pessoa a que pertenceu e ainda pode reproduzir as expressões familiares ou muletas e o caráter de letra da pessoa desencarnada, pela automática ação vibratória de suas partículas materiais que tendem a reproduzir a modalidade de ação a que estiveram habituadas, e se acaso denota o cascarão algo de inteligência, não é a da verdadeira identidade, mas a tomada em sintonia com o médium ou o guia, conforme as circunstâncias.

Todavia, o cascarão fica mais frequentemente vitalizado pelo meio descrito ao tratar da sexta classe e também tem a propriedade de responder automaticamente às vibrações grosseiras a que esteve acostumado em sua existência como sombra e os indivíduos, pois, nos quais predominam desejos sinistros e paixões mórbidas estarão expostos, se assistem às sessões espíritas, a que se intensifiquem pela influência maligna do cascarão, uma vez que cada coisa atrai o seu semelhante.

Também há um cascarão etéreo, ou seja, o cadáver da parte etérea do corpo físico, que há de se desintegrar com este, mas, entretanto, não flutua daqui para lá, como o cascarão astral, senão que permanece a alguns metros de distância do cadáver denso, e podem percebê-lo as pessoas muito sensitivas, de onde provêm os relatos de fantasmas e aparições nos cemitérios. Um psíquico, notavelmente, desenvolvido verá nos cemitérios das cidades populosas centenas de formas espectrais branco-azuladas de consistência nebulosa que planam sobre as sepulturas onde jazem os cadáveres de que recentemente se desprenderam e, como se acham, igualmente, em processo de desintegração, não é muito agradável o espetáculo.

O cascarão etéreo carece assim mesmo de consciência e inteligência, ainda que, às vezes, em determinadas circunstâncias, pode galvanizar-se em horrível forma de vida temporária por influência dos repugnantes ritos e cerimônias da mais abominável e nefanda espécie de magia negra. Assim, vemos que em sua marcha ascensional ao mundo celeste, o homem desfaz o corpo físico em suas duas partes, densa e etérea e o corpo astral que vão se desintegrando, e sua matéria volta de novo aos seus respectivos planos para servir à admirável química da natureza.

6ª Classe: O Cascarão vitalizado

Não deveria ser considerada humana essa entidade factícia, pois é apenas o despojo insensível e passivo do corpo astral de uma entidade humana, ainda que esteja vitalizado pelo elemental artificial que o anima como criação dos maus pensamentos do homem. Trataremos dele ao estudar as entidades factícias. Entretanto, diremos apenas que é o modo de um demônio tentador, de uma entidade maligna, cuja maligna influência é limitada apenas pelo alcance de seu poder e, como assombra, serve de instrumento às mais abjetas modalidades de magia negra. Alguns tratados dão aos cascarões astrais vitalizados a denominação de "elementares", mas como se chamam assim também várias outras entidades factícias do plano astral, resulta um nome muito ambíguo e vale mais evitá-lo.

7ª Classe: Suicidas e vítimas de acidentes

Tacitamente, compreende-se que um indivíduo arrebatado de súbito da vida física por suicídio ou acidente em plena saúde e vigor. Pertencem a essa classe os que sofrem a pena capital, mas não a morte repentina causada por enfermidade em que ameace esse perigo, se achará no plano astral em condições muito distintas das em que se encontram os que morrem de velhice ou de enfermidade. Quando o indivíduo, nesses últimos casos, tem tempo de sobra para se preparar para bem morrer, seguramente se lhe debilitam os desejos pelas coisas da terra e ao morrer já se lhe terão eliminado as partículas grosseiras de seu corpo astral, de modo que se encontrará no sexto ou no quinto subplano ou acaso no quarto, porque o reordenamento foi gradual e sem choques bruscos.

Mas, no caso da morte repentina por acidente ou suicídio fulminante, o indivíduo não teve tempo de se predispor à morte e à violenta separação do Ego do corpo físico comparou-se acertadamente ao brusco arranque da semente de uma fruta verde. O corpo astral contém, todavia, muitas partículas grosseiras e em consequência o indivíduo desencarnado encontra-se ao morrer, no sétimo subplano do astral.

Todavia, os que morrem de acidente e observaram nobre e reta conduta durante toda sua vida, não têm tendência ao sétimo subplano e, portanto, passam o tempo que irão permanecer ali, conforme disse uma primitiva carta sobre o assunto, *em feliz ignorância e completo olvido, ou num estado de tranquila sonolência preenchida de sonhos rosados.* Não parece que haja inconveniente em que um indivíduo de relevantes qualidades espirituais se ache, após uma morte violenta, no subplano astral a mesma densidade de matéria que continha seu corpo astral, sem ter de ficar adormecido no sétimo.

Pelo contrário, se o indivíduo morto violentamente foi egoísta em vida, cruel e luxurioso, se encontrará no sétimo subplano do mundo astral e inflamado por suas sinistras e indomadas paixões, arrisca converter-se em terrível e maligna entidade, mas como já não tem corpo físico por cujo meio satisfaça seus grosseiros apetites, vale-se do corpo de um médium ou de uma pessoa de vontade frágil e muito sensitiva a que possa obcecar, de sorte que se deleita na prática de todos os artifícios ilusórios que aquele subplano põe à sua disposição para induzir os incautos viventes no mundo físico a cometerem os excessos que lhe foram tão funestos.

Da mesma carta aludida extraímos a seguinte passagem referente a ditas entidades: *Estes são os diabinhos os demônios, íncubos e súcubos mencionados pelos escritores medievais, demônios da luxúria e da gula, da avareza e da crueldade, da astúcia e da feitiçaria que induzem suas vítimas a cometerem horríveis ações e folgam-se na comissão.*

A essa classe pertencem os demônios tentadores a que aludem às religiões, mas seu poder se extingue contra o escudo de uma mente pura, um ânimo nobre e uma conduta impecável de alta espiritualidade, pois, nada podem contra um vivente no mundo físico, a menos que haja alimentado os vícios que a entidade obsessiva trata de intensificar.

Um psíquico que tenha atualizado a visão astral verá bandos dessas desgraçadas entidades rondando em torno dos matadouros e açougues, das tavernas, dos prostíbulos e outros lugares dos bairros baixos das cidades onde acham o ambiente grosseiro em que gozam e se põem em contato invisível com os viventes de sua mesma garra mental.

Para uma dessas entidades é tremenda desgraça o encontro com um médium de sua mesma índole, porque não apenas prolongará enormemente a duração de sua deplorável vida astral, porque vai gerar indefinidamente mau carma e preparar-se para uma futura encarnação em desastrosas condições com mais o risco de perder grande parte de seu poder mental. Para ele, se tiver a sorte de não encontrar nenhum médium nem pessoa sensitiva a quem obcecar, os seus vícios e desejos passionais irão se consumir lentamente por falta de satisfação, e o sofrimento que lhe cause esse processo chegará, provavelmente, a esgotar o mau carma da vida passada na terra.

A situação do suicida é mais complicada, porque seu ato menoscaba enormemente o poder do Ego de trazer consigo os princípios inferiores e, portanto, o expõe a múltiplos e ulteriores perigos. Todavia, será considerado que o suicídio admite muitos graus, desde o moralmente intocável de Sócrates e Sêneca até o nefando crime do malvado que deixa a vida para evitar as consequências dos seus feitos vis.

Convém advertir que tanto as entidades dessa classe quanto as sombras e os cascarões vitalizados são os que se chamam vampiros menores, porque para prolongar sua existência sempre que se lhes depare a ocasião, absorvem ou sugam a vitalidade dos viventes a quem obcecam e ainda dos que estão em sua esfera de influência. Por isso, que tanto os médiuns quanto os circunstantes saem debilitados de uma sessão espírita. Ao estudante de ocultismo se lhe ensina a maneira eficaz de enfrentar e vencer tão malignas influências, mas sem este conhecimento é muito difícil evitá-las, e que se coloque em seu campo de força ficará mais ou menos influenciado por elas.

8ª Classe: Vampiros e Lobos

Ainda que em vários aspectos essas duas entidades difiram, as classificamos juntamente, porque têm qualidades em comum de indizível horror e sumamente raras, como repugnantes anacronismos e espantosas relíquias das raças primitivas, quando o homem e seu ambiente não eram o que são agora.

Os indivíduos da quinta raça raiz tendo já transcendido por evolução a possibilidade de merecer tão espantoso destino como o representado pelos vampiros e lobos.

E assim é que o quanto se refira a ambas as entidades, considera-se hoje vulgarmente como fábulas e lendas medievais, mas ainda se conhecem casos isolados, sobretudo nos países que, como a Rússia e a Hungria conservam o sangue da quarta raça raiz. Desde que as populares lendas acerca dessas entidades são muito exageradas, mas não deixa de haver um fundo de verdade nos conselhos e contos que passam de boca em boca entre os camponeses da Europa Central. As características gerais de semelhantes contos são demasiado conhecidas para que necessitem de algo mais do que uma referência passageira, e um exemplo típico deles é a Carmilla de Sheridan. Na obra de Blavatsky, *Ísis sem Véu*, encontra-se uma descrição dos vampiros.

Os leitores das obras teosóficas dar-se-ão conta de que um homem tenha sido em vida tão abjeto e degradado, tão brutalmente egoísta, que seu corpo mental inferior esteja empapado dos seus desejos passionais e se separe do Ego. Alguns ocultistas supõem que esse caso é mais frequente do que parece e que se encontram numerosas dessas formas desalmadas, mas afortunadamente não é certa tal suposição. Para chegar ao grau de abjeção correspondente à profunda fusão na maldade que leva à perda da personalidade e à debilitação da individualidade evolutiva seria necessário, que o homem não egoísta ou de espiritualidade sem o mínimo ponto de contrição redentora; e quando advertimos que ainda nos indivíduos mais vis achamos algo não inteiramente mau, temos de convir que estão em exígua minoria as personalidades abandonadas pelo Ego. Não obstante, ainda que poucas, há e delas provêm os cada vez mais raros vampiros.

A personalidade abandonada, incapaz de permanecer no plano astral, se verá irresistivelmente arrastada em plena consciência a "seu próprio lugar", à misteriosa oitava esfera, onde se desintegra depois de passar por experiências que mais vale não descrever. Mas se o homem morreu por suicídio e sabe algo de magia negra, pode em determinadas circunstâncias evitar tão horrível destino pela lívida existência do vampiro. Como queira, que não pode ir à oitava esfera até a desintegração do corpo físico, mantém-no numa espécie de catalepsia pelo horrível meio de transfundir-lhe o sangue subtraído de outros seres humanos por meio do seu semi-materializado corpo astral e assim demora seu destino final mediante a perpetuação de numerosos assassinatos. Contra isso, há o remédio de exumar e queimar o cadáver para privar o vampiro do seu ponto de apoio. Ao abrir a sepultura, o cadáver costuma aparecer como se estivesse fresco e viçoso e o ataúde, em muitos casos, cheio de sangue.

Nos países onde prevalece o costume da incineração do cadáver no forno crematório é impossível essa espécie de vampirismo. O lobo, ainda que igualmente horrível ao vampiro, resulta de um carma algo diferente e a rigor deveria incluir-se entre os habitantes viventes no mundo físico que visitam o plano astral, pois sempre se manifesta em primeira vez o lobo durante a vida física do homem e supõe, invariavelmente, o conhecimento da magia negra para ser capaz de projetar o corpo astral.

Quando por arte mágica de negra índole, projeta assim o corpo astral um homem refinadamente cruel e malvado, é possível que se apodere dele outra entidade astral e o materialize em forma de animal selvagem, que geralmente é o lobo e nesta condição vagará pelo país matando outros animais e se lhe é possível, pessoas humanas para satisfazer não apenas a sede sangue que o atrai, mas também as das malignas entidades que lhe impulsam.

Nesses casos, como sucede nos casos de materialização comum, qualquer lesão inferida à forma animal se reproduzirá no corpo físico humano pelo fenômeno da repercussão, ainda que depois da morte do corpo físico, o astral, que terá provavelmente a mesma forma, será menos vulnerável, mas também menos perigosa, a não ser que ache a seu alcance algum médium capaz de materializá-lo completamente. É provável que na manifestação dessas formas haja algo de matéria etérea, gasosa e líquida subtraída do corpo físico, como sucede em algumas materializações. Em todo caso, esse corpo fluídico tem a possibilidade de se afastar do cadáver a distância muito maior do que de outro modo fosse possível a um veículo que contenha certa quantidade de matéria etérea.

Costume e moda da época é enganar-se com as que chamam de néscias superstições de aldeãos ignorantes. Mas, tanto nos casos anteriores quanto em muitos outros, o estudante de ocultismo convence-se depois de detido exame de que nos que parecem fantásticos relatos e lendas absurdas subjazem verdades enigmáticas ou esquecidas da natureza e é em consequência tão prudente rechaçá-las como aceitá-las.

Os que se proponham a explorar o mundo astral não temerão o encontro dessas entidades repugnantes, porque são agora sumamente raras, e conforme passe o tempo irá diminuindo ainda mais seu escasso número. Em todo caso, sua manifestação contrai-se nas imediações do cadáver do que foi seu corpo físico, como cabe supor de sua extremada índole material.

9ª Classe: O Mago Negro e seus Discípulos

Essa identidade corresponde ao extremo oposto da escala em que se acha o discípulo na espera da reencarnação; mas no caso do mago negro em vez de pedir licença para empregar um método extraordinário de progresso, desfia o processo natural da evolução, mantendo-se na vida astral por meios da mais horrível índole.

Seria fácil estabelecer várias subdivisões dessa classe conforme seu objeto, seus métodos e a possível duração da sua existência no mundo astral; mas como nao são temas agradáveis de estudo, e tudo quanto convém saber ao estudante é o modo de evitar o encontro dessas entidades, será mais interessante passar ao exame de outra parte do nosso estudo. Basta saber que toda entidade humana que se esforce em prolongar sua vida astral mais além dos seus limites naturais há de fazê-lo à custa da vitalidade subtraída de outros seres humanos.

Capítulo IV

Habitantes não humanos

Ainda que seja evidente, ainda pela mais sumária das observações que muito das disposições naturais da terra, que muito proximamente nos afetam, não são destinadas à nossa comodidade nem ao nosso proveito, seria inevitável que a humanidade em sua infância cresse que o mundo físico e tudo o que contém exista unicamente para seu próprio uso e benefício, mas seguramente já devíamos ter desfeito tão infantil ilusão e estar convencidos de qual é nossa verdadeira posição e os deveres a ela correspondentes.

Não obstante, a maioria das pessoas persiste no engano como o demonstram multidões de vezes na vida diária, sobretudo pela fria crueldade com que muitos que se jactam de civilizados e cultos tratam o reino animal, sob a escusa de esportes.

Evidente que o mais jovem no estudo da santa ciência oculta sabe que toda vida é sagrada e que sem compaixão universal não cabe progresso, mas, ao adiantar, descobre no seu estudo o quanto é múltipla a evolução e quão pequena é, relativamente, a parte que desempenha a humanidade na economia da natureza. Então, adverte o estudante que assim como a terra, o ar e a água mantêm miríades de formas de vida que, invisíveis a simples vista, mostra-nos o microscópio, assim também o mundo astral em seus diversos subplanos está povoado densamente por numerosos habitantes de cuja existência nós estamos completamente inconscientes.

Conforme adianta o estudante no conhecimento, acrescenta a certeza de que de um modo ou outro, aproveitam-se rigorosamente todas as possibilidades de evolução; e quando pareça que na natureza se desperdiça uma força ou se perde uma oportunidade, não falha por isso no plano do universo, a não ser que a nossa ignorância não acerta ver o método e a intenção da natureza.

Para a consideração dos habitantes não humanos do plano astral convém prescindir daquelas formas primitivas da vida universal que estão evoluindo de um modo apenas compreensível para nós mediante o sucessivo agrupamento de átomos, moléculas e células, pois se houvéssemos de começar pelos reinos elementais, haveríamos de incluir na ordem de habitantes não humanos do mundo astral enorme número que somente poderíamos estudar, sumariamente, sob a pena de dar a esse livro as proporções de uma enciclopédia.

O mais conveniente meio de ordenar os habitantes não humanos do mundo astral é dividi-los em quatro classes, advertindo que cada uma dessas classes não representa menor subdivisão, mas que abarca geralmente um reino da natureza tão vasto como o vegetal ou o animal. Algumas dessas classes são inferiores ao homem, outras o igualam e também as há que o superam em bondade e poder. Várias delas pertencem à nossa linha de evolução, quer dizer que foram ou serão homens. Outras evoluíram conforme sua própria e peculiar linha.

Antes de proceder ao estudo dessas quatro classes, convém advertir que prescindimos de duas ordens de entidades. Não falaremos da manifestação ocasional de altíssimos Adeptos procedentes de outros planetas de nosso sistema solar nem dos mais excelsos Visitantes provenientes de longínquas distâncias, porque esses temas não são próprios de um tratado destinado à leitura pública, sem contar com que é praticamente inconcebível ainda que teoricamente possível que tão altíssimas Entidades necessitem manifestar-se na baixeza do plano astral. Se por alguma razão quisessem manifestar-se nele, elaborariam para si um corpo temporâneo da matéria do plano astral terrestre, como vimos, no caso das *nirmânakâyas*.

Por outra parte, também prescindiremos de outras das grandes evoluções não humanas que atualmente partilham com a humanidade o uso do planeta terrestre e sobre as quais está proibido dar referências, porque por hora nem as entidades dessas grandes evoluções irão conhecer a existência do homem nem tampouco o homem conhecerá quais sejam. Se acaso nos colocarmos em contato consciente com elas será no plano físico, pois sua permanência no astral é muito fugaz e depende de raríssimo acidente num ato de magia cerimonial que, afortunadamente, somente devem praticar os feiticeiros de elevadíssima categoria. Não obstante, tal acidente ocorreu pelo menos uma vez e pode repetir-se, de modo que se não fosse pela proibição mencionada, teríamos de incluir as referidas duas evoluções em nossa classificação.

1ª Classe: A Essência Elemental pertencente à nossa evolução

Assim como o nome de "elementários" foi dado inconsideravelmente por vários autores a toda classe de possíveis condições do homem depois da morte física, assim também se deu com a mesma rapidez o nome de "elemental" a todo espírito não humano, desde o deva de mais divinos atributos, passando pelos espíritos da natureza até chegar à amorfa essência constituinte dos reinos inferiores ao mineral. Daqui resulta que o estudante depois de ler vários tratados fica confuso e perplexo ante as contradições que adverte entre os autores. Para o estudo do nosso tema se há de entender que a essência elemental é um nome aplicado durante certas etapas da sua evolução à essência monódica que por sua vez pode definir-se dizendo que é a efusão da energia divina na matéria.

Estamos familiarizados com a ideia de que antes dessa energia divina chegar à etapa de individualização que animou o homem, havia já animado sucessivamente seis fases de evolução que foram os três reinos elementais, o mineral, o vegetal e o animal. A essência monódica se lhe chama essência elemental quando passa pelos três reinos inferiores ao mineral, e alguns tratadistas designaram-na ao passar pelos três reinos superiores, os elementais com os respectivos nomes de mônada mineral, mônada vegetal e mônada animal. Contudo, essas denominações são também deficientes porque antes de chegar ao reino mineral já a energia divina tinha constituído não uma, mas muitas nômadas. Mas, a palavra mônada adaptou-se para dar a entender que ainda quando já se havia diferenciado a essência monádica não havia chegado ainda à etapa de individualização.

Repetimos que a essência monádica se lhe chama essência elemental enquanto passa pelos três reinos inferiores ao mineral, por isso chamados elementais. Mas, para compreender sua natureza e modo de manifestação é necessário saber como o espírito desce e se infunde na matéria.

Recordemos que quando um espírito residente num plano, seja ele qual for, quer descer ou transferir sua consciência ao plano imediatamente inferior deve se revestir de um corpo da matéria peculiar deste outro plano. Para explicar melhor, suponhamos que o espírito esteja no plano número 1 e quer passar ao plano número 2. Haverá de se revestir de um véu da matéria própria número 2. Se deste plano quiser passar ao número 3, haverá de se revestir de um véu de matéria própria do plano número 3, e se desejar passar do 3 para o 4 se revestirá de um véu de matéria do plano número 4. Assim teremos que no plano número 2 já o espírito não estará na mesma condição em que estava no plano número 1, nem no número 3 estará na mesma condição em que estava no número 2 e assim sucessivamente, de sorte que, ao chegar ao plano número 4, o espírito será como um átomo revestido de tantas envolturas, véus ou corpos como os planos que desceu, pois ao descer a um plano conserva o véu, corpo ou envoltura de que necessitou revestir-se para passar ao plano anterior, e como queira que este processo se repita em todos os subplanos de cada plano, quando o espírito ou faísca divina ou mônada chega ao plano físico acha-se tão espessamente revestido de véus que não é negação da existência da alma por parte dos materialistas. A descida escalonada do espírito, plano após plano e subplano após subplano é puramente metafórica e serve para indicar que durante a vida física o ego está revestido ou envolto em matéria de todos os planos de nosso sistema planetário, e é necessário que assim seja para o processo normal da evolução.

A Psicologia experimental acode em defesa desta verdade, pois apenas admitindo a variedade de matéria vibrante se explica que um mesmo indivíduo tenha pensamentos sinistros e harmônicos, emoções puras e passionais, quedas no vício e traços de virtude heroica, atos de brutal egoísmo e traços de abnegação, impulso de ódio e delírios de amor, tudo isso conforme as circunstâncias, condições e vicissitudes em que seu carma se coloca para evoluir. A cada grau e índole de pensamento, emoção, desejo ou impulso corresponde à matéria de uma de suas envolturas, de própria sorte que corresponde distinta vibração a cada uma das cordas da harpa ou das teclas do piano. Algo simbólico e profundamente esotérico deve existir na lira de sete cordas inventada por Hermes e algo também muito significativo há na expressão vulgar: são da mesma corda com que se alude a duas pessoas das mesmas ideias, tendências, afeições e desejos.

Suponhamos agora que o espírito, mônada ou essência monádica diferenciada tenha chegado a seus sucessivos revestimentos até o subplano atômico do plano mental e que ao invés de passar pelos seis subplanos do plano mental, como diríamos, salta e subitamente se reveste de matéria do subplano atômico do plano astral. Semelhante combinação seria a essência elemental do plano astral correspondente ao terceiro reino elemental, ou seja, o imediatamente inferior ao reino mineral. No transcurso de suas mil e quatrocentas diferenciações, no plano astral, a mônada atrai várias combinações da matéria dos outros seis subplanos do plano astral, ainda que essas combinações sejam transitórias, e fica apenas o espírito revestido de matéria atômica mental que se manifesta por meio da matéria atômica do plano astral.

O segundo reino elemental funciona nos subplanos não atômicos do plano mental, mas, de momento, não há o que se referir a eles. Portanto, chamar elemental a classe que estamos considerando induz a erro, pois na realidade não há tal coisa.

O que achamos é uma vasta massa de essência elemental, admiravelmente sensitiva ao mais efêmero pensamento humano e respondente com inconcebível delicadeza numa infinitesimal fração de segundo à vibração com que a afeta o inconsciente exercício do desejo ou da vontade humana. Entretanto, desde o instante em que por influência do pensamento ou do exercício da vontade se plasma em uma força viva ou em algo que na verdade pode qualificar-se como elemental, deixa então de pertencer à classe que consideramos e passa a ser um habitante artificial, cuja existência separada não tarda em se desvanecer enquanto se esgota o impulso recebido e some na indiferenciada massa da particular subdivisão de essência elemental de que proveio.

Seria aborrecida a tentativa de catalogar essas subdivisões e ainda que as catalogássemos, seria ininteligível o catálogo exceto para os capazes de compará-las juntamente entre si. Entretanto, é possível ter ideia das principais linhas de classificação que acaso resultem interessantes. Em primeiro lugar vemos a numerosa divisão que deu seu nome aos elementais, classificados conforme o estado da matéria em que habitam. Neste ponto se mostra como de costume o caráter setenário da evolução humana, porque existem sete grupos de entidades relacionadas com os sete estados da matéria física que conforme os alquimistas medievais estavam simbolizados na terra, ar, água e fogo, mas que de acordo com a verdadeira interpretação são os estados sólido, líquido, gasoso e em quatro graus etéreo.

Há muito tempo existe o costume de se desdenhar pejorativamente a suposta ignorância dos alquimistas medievais, porque chamaram "elementos", substâncias que a moderna química descobriu que eram compostas, mas ao tratá-los tão levianamente se cometeu grande injustiça para com eles, porque seu conhecimento sobre o particular era muito mais amplo do que o nosso, pois eles sabiam que todas as formas de matéria provinham de um só elemento, tal como comprovou a química moderna ao reconhecer a unidade essencial da matéria.

O certo é que a análise dos nossos desapreciados alquimistas era mais profunda do que a nossa. Conheceram a existência do estado etéreo da matéria que a ciência moderna há de admitir como uma necessidade para a explicação de suas teorias.[7] Conheceram os alquimistas os quatro estados etéreos da matéria física, que com o gasoso, o líquido e o sólido constituem os sete do plano físico e sabiam que todos os objetos físicos são constituídos por matéria em um ou em outro dos

---

[7]. Não se há de confundir o hipotético éter dos físicos como meio transmissor das vibrações cósmicas, com os estados etéreos da matéria física que são quatro graus de maior ou menor densidade, de modo que o éter mais denso é muito mais sutil do que o hidrogênio ou gás mais ligeiro que se conhece

referidos sete estados, que em maior ou menor quantidade entram todos na composição dos organismos viventes, sem que a ciência tenha podido redescobrir os quatro éteres.

Pudessem ou não os alquimistas medievais reconhecer os corpos simples que na sua época se desconheciam e que alguns foram descobertos por eles, mas é evidente que os alquimistas empregaram a palavra "elementos" no sentido de "partes constituintes", não no de substâncias indisponíveis.

Também sabiam que cada um dos sete estados de matéria servia de base de manifestação a uma grande classe de evoluída essência monádica, que denominaram por isso essência elemental.

Do exposto, infere-se que em cada partícula de matéria sólida, enquanto permanece nesta condição, reside, conforme a pitoresca fraseologia dos alquimistas, um elemental terrestre; quer dizer, certa quantidade de essência elemental viva, apropriada à partícula. Da própria sorte, nas partículas líquidas, gasosas e etéreas ou, conforme os alquimistas, na água, no ar e no fogo, residirão os respectivos elementais.

Observar-se-á que esta extrema divisão do terceiro reino elemental está, por assim dizer, estendida em sentido horizontal, pois as diferenças de densidade material entre as suas classes se estabelece por graus quase imperceptíveis e, ainda, cada classe poderia dividir-se horizontalmente em outras sete, pela multiplicidade de graus de densidade entre sólidos, líquidos e gases.

Nao obstante também há o que poderia se chamar uma divisão perpendicular muito mais difícil de compreender, sobretudo, pela grande reserva dos ocultistas a respeito de fenômenos que requereriam mais ampla explicação. Para mostrar o que disso pode se saber, diremos que em cada uma das classes e subclasses horizontais se encontram sete tipos perfeitamente distintos de elementais cuja diferença não consiste em graus, mas em seu caráter e afinidades.

Em cada tipo se encontram sete subtipos que se distinguem pela coloração que se lhes dá a influência que mais facilmente os afeta. Cada tipo é capaz de reagir sobre os demais ainda que não possa intercambiar sua essência.

Advertir-se-á que essas divisões e subdivisões perpendiculares diferem por completo das horizontais e são mais permanentes e fundamentais, pois enquanto a evolução do reino elemental consiste em passar com quase infinita lentidão, sucessivamente, por suas várias classes e subclasses horizontais e pertencer por turno a todas elas, os tipos e subtipos permanecem inalteráveis durante toda a passagem da essência elemental.

Para compreender a evolução elemental é necessário ter em conta que se efetua no arco descendente e, portanto, progride até a completa queda na matéria que acontece no reino mineral, de sorte que para a essência monádica ou elemental, o progresso significa descida à matéria, em vez de ascensão aos planos superiores.[8]

Enquanto o estudante não compreender bem esta ideia será presa de perplexidades e anomalias, pois ainda aos ocultistas custa-lhes acostumar-se à estranha aparência de inversão que apressa a sua visão.

Apesar de tão múltiplas subdivisões desta estranha essência viva, todas elas possuem algumas propriedades comuns, mas tão diferentes daquelas que são familiares no plano físico, que é sumamente difícil explicá-las a quem não as vê em ação.

Quando uma porção de essência elemental permanece durante alguns momentos sem que a afetem influências externas (o que digo, seja de passagem, raramente se realiza), carece de forma definida, ainda que seu movimento seja, todavia, rápido e incessante. No entanto, à mínima perturbação provocada acaso

---

8. A descida da essência elemental ou efusão da energia divina na matéria chama-se involução.

por alguma corrente mental passageira, assume desconcertante confusão de móveis e sempre cambiantes formas que surgem e desaparecem com a rapidez das borbulhas na superfície da água fervendo.

Estas formas evanescentes, ainda que geralmente assumam as de seres vivos de alguma espécie, humana ou não, são manifestações da existência de entidades separadas na essência elemental à moda das cambiantes e múltiplas ondas que levanta um turbilhão nas águas de um lago tranquilo. Parece como se fossem um mero reflexo do vasto oceano de luz astral, mas têm certa relação com a índole da corrente mental que as põe em existência, ainda que quase sempre com alguma distorção grotesca e espantoso ou repugnante aspecto.

Cabe perguntar que inteligência atua na seleção de uma forma apropriada ou contrafeita. Não tratamos dos potentes e longevos elementais criados por vigorosos e definidos pensamentos, mas simplesmente nos ocupamos com o resultado produzido pelas correntes de frívolos e meios involuntários pensamentos emitidos pelo cérebro das pessoas. Portanto, a inteligência a que nos referimos não deriva da mente do pensador e seguramente que não podemos atribuir qualidades mentais à essência elemental que pertence a um reino, todavia, mais distante da individualização que o mineral, ainda que possua uma maravilhosa adaptabilidade que costuma aproximar-se muito da inteligência, e não há dúvida de que a causa de dita aptidão se qualificou num dos primitivos tratados teosóficos aos elementais de semi-inteligentes criaturas da luz. Já encontraremos prova da referida aptidão ao tratar dos elementais fictícios ou artificiais. O qualificativo de bom ou mau, dado a um elemental, denota que se trata de uma entidade artificial ou de uma das muitas variedades de espíritos da natureza, porque os reinos elementais não admitem os conceitos de bom ou mau.

Não obstante, há individualmente em quase todas as subdivisões de elementais a tendência a se mostrarem bem mais hostis do que favoráveis ao homem. Todo neófito sabe por experiência, pois na maior parte dos casos sua primeira impressão ao visitar o plano astral é a da presença ao seu redor de uma numerosa hoste de proteicos espectros que avançam para ele em atitude ameaçadora, mas que sempre retrocedem ou se desvanecem sem fazer o menor dano, caso ocorra algum tipo de impacto. Desta propensão hostil deriva o repulsivo ou contrafeito aspecto que assumem, e os autores medievais dizem-nos que o homem agradecerá sua existência. Na idade de ouro a humanidade era menos egoísta, mais espiritual, e os chamados elementais mostravam-se amigos do homem. No entanto, agora se apresentam inimigos dele porque tratam com indiferença, antipatia ou crueldade outros seres humanos viventes.

Admirável delicadeza com que a essência do pensamento coletivo da humanidade, não são nossos pensamentos e desejos, infere-se que o terceiro reino elemental é, em conjunto, o que o pensamento coletivo da humanidade faz dele. Ao considerar o baixo nível do pensamento coletivo da humanidade, não é estranho que o homem colha o que semeou; e assim a essência elemental que, carente da faculdade de percepção, recebe e cegamente reflete o quanto nela se projeta e denota geralmente características hostis.

Sem dúvida que nas futuras rondas e raças, quando a humanidade alcançar mais alto nível, os reinos elementais receberão a incessante influência de pensamentos harmônicos e se mostrarão docilmente auxiliadores como também será o reino animal. Apesar de quanto haja ocorrido no passado é evidente que podemos esperar outra idade de ouro quando a maioria dos homens for magnânima e não egoísta e receba a cooperação voluntária das forças da natureza.

A circunstância de que o homem seja tão facilmente capaz de influir nos reinos elementais denota a responsabilidade que lhe incumbe pelo modo de usar dita influência, e quando consideramos as condições em que existem tais reinos, é evidente que o efeito que se produz nele pelos pensamentos e desejos de todo ser inteligente será levado em conta como um fator da evolução em nosso sistema.

Não obstante, os firmes ensinamentos que sobre o assunto dão as principais religiões do mundo, todavia, geralmente a massa da humanidade adverte-nos que também delinquem e são responsáveis os pensamentos. Se um homem não prejudicou a ninguém com suas palavras e ações, crê que cumpriu tudo quanto dele exige a moral, sem advertir que acaso esteve durante muitos anos exercendo depressiva e mesquinha influência na mente das pessoas de seu convívio e enchendo seu ambiente com sórdidas e vis formas de pensamento.

Um mais grave aspecto desta questão se nos mostrará ao tratar dos habitantes artificiais, mas bastará consignar que o homem pode acelerar ou retardar a evolução da essência elemental, conforme o uso que consciente ou inconscientemente está de contínuo fazendo dela. Transbordaria os limites deste tratado a exposição dos diferentes usos a que pode destinar as forças inerentes na essência elemental quem for apto a manejá-las.

A maioria das cerimônias mágicas tem por objeto a manipulação de ditas forças, diretamente pelo mago, ou por alguma entidade astral que tenha evocado o afeto.

Por meio de tais forças produzem-se quase todos os fenômenos metapsíquicos nas sessões espíritas e também são o agente do movimento de móveis, lançamento de pedras e sons de timbres nas casas frequentadas. Estes fenômenos resultam de desatinados esforços que para chamar atenção realiza alguma entidade muito apegada às coisas terenas ou também costumam ser travessuras maliciosas de algum espírito da natureza dos pertencentes à terceira classe. Mas, não se há de crer que o elemental seja por si mesmo o agente motor, senão que é apenas uma força latente cuja atualização requer um impulso recebido externamente.

Ainda que toda classe de essência elemental possa refletir imagens da luz astral, há variedades que recebem as impressões muito mais facilmente do que outras e assumem formas peculiares da sua variedade, algo menos evanescente do comum.

Para não cair em confusões, é preciso distinguir essa classe de essência elemental que acabamos de estudar, da essência monádica que se manifesta por meio do reino mineral. Recordemos que a essência monádica, no arco de involução, se manifesta por meio dos reinos elementais e depois se manifesta por meio do reino mineral, mas, a circunstância de que duas massas de essência monádica de diferente estado de evolução ocupem o mesmo espaço (por exemplo, uma rocha que é mineral e ao próprio tempo morada de um elemento terrestre) não é obstáculo para sua respectiva evolução nem tampouco implica relação alguma ante as duas diferentes massas de essência monádica. A rocha, ou seja, o mineral, estará também repletada por sua apropriada variedade do princípio onipresente da vida, totalmente distinto das duas variedades de essência antes mencionadas.

2ª Classe: O Corpo Astral dos Animais

É uma classe extremamente numerosa, mas que não ocupa posição muito importante no plano astral, porque seus membros permanecem ali por curto tempo. A imensa maioria dos animais não logrou ainda individualização permanente, e quando um deles morre a essência monádica, manifestada por seu meio, reverte ao depósito particular de onde proveio, trazendo consigo as experiências adquiridas durante a vida física. Contudo, esta reversão não se efetua imediatamente, mas sim que o corpo astral do animal se reordena o mesmo como no caso humano, e o animal tem no plano astral existência positiva, cuja duração ainda que não muito longa varie conforme o grau de inteligência que tenha desenvolvido. Na maior parte dos casos o animal permanece em consciência sonolenta, mas parece completamente feliz.

Os poucos animais domésticos que alcançaram individualidade e, portanto, já não renascem como animais no mundo terrestre, têm vida muito mais longa e consciente no plano astral e no fim dela caem, gradualmente, em condição subjetiva, que dura um período bem considerável.

Interessante subdivisão da classe que estamos considerando é a dos corpos astrais dos monos antropoides mencionados em *A Doutrina Secreta*, que já estão individualizados e dispostos a reencarnar em forma humana na próxima oportunidade, ou alguns deles talvez mais rápido.

3ª Classe: Espíritos da natureza

Tantas e tão variadas são as subdivisões dessa classe, que mereciam com justiça um tratado especial. Ainda assim, daremos alguma ideia deles, pois todos têm características comuns.

Antes de tudo deve-se entender que tratamos de identidades radicalmente diferentes de todas quantas até agora consideramos. Ainda que a rigor possamos dizer que não são humanas a essência elemental e o corpo astral dos animais, a essência monádica que por meio deles se manifesta chegará no transcurso do tempo ao nível de se manifestar em uma futura humanidade comparável à nossa; e se fôssemos capazes de rever nossa própria evolução nos ciclos anteriores, veríamos que o quanto agora somos passou em sua ascensão por etapas análogas.

Contudo, não é esse o caso com o vasto reino dos espíritos da natureza que não foram e nunca serão humanos. Sua linha de evolução é totalmente diferente e sua relação conosco é a de que ocupamos o mesmo planeta. Portanto, se por ora somos vizinhos, devemo-nos mútua atenção de vizinhança, mas nossas linhas de evolução são tão diversas que pouco podemos fazer uns pelos outros.

Alguns autores incluíram os espíritos da natureza ao número dos elementais e na verdade, que os elementais, ou talvez, mais propriamente, os animais de outra linha de evolução. Ainda que muito mais desenvolvidos do que nossa essência elemental, têm algumas características em comum. Por exemplo, também se subdividem em sete ordens que habitam respectivamente nos mesmos sete estados de matéria física já mencionados, nos que penetram as variedades correspondentes de essência elemental. Assim consideraremos os espíritos da natureza mais compreensíveis para nós, que são os da terra, ar, água e fogo ou éter. São entidades astrais definidas e inteligentes que residem e funcionam em cada um dos referidos ambientes.

Perguntar-se-á como é possível que ser vivente habite numa matéria tão sólida como em uma rocha na crosta terrestre. A resposta é que ao considerarmos que os espíritos da natureza são corporalmente constituídos por matéria astral, a matéria da rocha não é obstáculo que impeça seu movimento sem sua visão e, portanto, a matéria sólida é seu elemento natural e único a que estão acostumados e em que se sentem bem. O mesmo cabe dizer dos que habitam na água, no ar ou no éter.

Os tratadistas medievais chamaram gnomos aos espíritos naturais da terra; ondina aos da água; sílfides, aos do ar e salamandras, aos do fogo. Na linguagem vulgar se lhes reconhecem por muitos nomes, entre eles, os de fadas, sátiros, faunos, elfos, duendes, damas brancas, nereidas, moreninhos, trasgos etc.

Suas formas são muito variadas, mas com frequência com figuração humana e curtos de talhe. Como todos os habitantes do plano astral.

Há uma multidão de raças de espíritos da natureza, e os indivíduos de cada uma delas diferem dos de outras em inteligência e disposição, analogamente ao que sucede entre os indivíduos das diferentes sub-raças humanas. A maioria dos espíritos da natureza evita a relação com o homem, cujos costumes e emanações lhes repugnam e os molestam as correntes astrais que põem em movimento os incessantes e desordenados apetites humanos.

Não obstante, também existem espíritos da natureza que se mostram amigos do homem e o favorecem e o beneficiam enquanto está de seu lado como, por exemplo, os moreninhos escoceses e as fadas dos contos. Mas, esta atitude benéfica é relativamente rara e no geral, quando os espíritos da natureza se põem por qualquer vicissitude em contato com o homem, mostram-se indiferentes ou desgostosos, ou melhor, se deleitam em enganá-lo e fazê-lo vítima de brincadeirinhas pueris.

Muitas lendas, fábulas e contos provincianos de solitárias comarcas montanhesas denotam essa travessia característica dos espíritos da natureza e os que tenham frequentado as sessões espíritas se lembrarão de que entre os fenômenos psíquicos interpolam-se algumas palhaçadas inofensivas que denotam a presença de espíritos da natureza de categoria inferior. Favorece suas manhas e ardis, o admirável poder de enfeitiçar aos que cedem à sua influência, para que vejam e ouçam apenas o que eles lhe sugerem.

Não obstante, os espíritos da natureza não alcançam dominar a vontade humana, a não ser a dos indivíduos que a tenham muito fraca ou dos que experimentem um terror bastante intenso para que temporariamente se iniba à vontade. Não podem ir além da decepção sensorial, ou seja, do engano dos sentidos, em que são mestres e há ocasiões em que enfeitiçam uma multidão congregada. Assim, ocorre com os mais surpreendentes jogos dos faquires da Índia, executados por mediação e auxílio dos espíritos da natureza, que fascinam os espectadores, fazendo-os ver e ouvir o que não acontece na realidade.

Quase poderíamos considerar os espíritos da natureza uma espécie de humanidade astral, a não ser porque nenhum deles, nem ainda os de categoria superior, possuem individualidade permanente reencarnante. Portanto, um dos pontos em que a linha de evolução dos espíritos da natureza difere da humana é que chegaram a um alto grau de inteligência antes que se individualizassem permanentemente, mas apenas nada sabemos das etapas pelas quais passaram nem das que, todavia, irão passar.

A duração da vida dos indivíduos das diversas ordens de espíritos da natureza é muito curta em alguns e em outros muito mais longa do que a do homem. Somos tão estranhos à vida deles, que nos é impossível compreender muitas de suas condições. Contudo, no conjunto, parece ser uma satisfatória e irresponsável classe de existência, semelhante a que um grupo de crianças pudesse levar num ambiente físico extraordinariamente favorável. Ainda aficionados a brincar com grumas e joguinhos, é muito raro se mostrarem maliciosos, ao menos que sejam provocados por uma injustificada intrusão ou mal-estar, mas em geral desconfiam do homem e os enoja a presença de um neófito no plano astral, pelo que se lhes aparecem em espantosa forma. Se o recém-chegado não se deixar amedrontar por semelhantes vestígios, o deixarão tranquilo como um mal necessário e é fácil que, com o tempo, se lhe mostre amigo alguns deles.

Outras ordens de espíritos da natureza são formais e não se entretêm com puerilidades como os que acabamos de mencionar, e a eles pertencem às entidades que em diversas ocasiões foram reverenciadas como deuses locais ou dos bosques. Estas entidades gostam da lisonja que acompanha a veneração que se lhes tributa, e sem dúvida estão dispostos a recompensar a veneração com algum serviço.

Os adeptos sabem como utilizar em caso necessário os serviços dos espíritos da natureza. Contudo, o mago comum receberá seu auxílio somente pelos procedimentos de invocação ou de evocação, isto é, por meio de súplicas em que lhe ofereça algo em câmbio do serviço, ou mobilizando influências que o obriguem a obedecer. Ambos os procedimentos são de índole sinistra e o da evocação sumamente perigoso, porque o evocador poderia trazer alguma influência hostil que lhe fosse fatal. Certamente, que a nenhum discípulo lhe permitirá seu Mestre nem sequer a intenção de semelhantes práticas.

4ª Classe: Os Devas

A linha superior de evolução relacionada com nosso mundo físico é, conforme alcança nosso conhecimento, a dos seres chamados devas pelos hinduístas e que noutras partes receberam os nomes de anjos, filhos de Deus etc.

Podem se considerar como um reino imediatamente superior ao humano, do mesmo modo que o humano é imediatamente superior ao animal, mas com a importante diferença de que enquanto para o animal não há outro caminho de evolução, enquanto se nos alcança, que passar pelo reino humano, o homem tem, ao chegar a um alto nível, abertos ante si, sete caminhos, um dos quais é a evolução dévica.

Ao compararmos este caminho com a renúncia do nirmânakâya, veremos porque, em alguns tratados, se diz que os que o elegem cedem "à tentação de serem deuses", mas, desta frase não se há de inferir ofensa alguma àqueles que escolhem dita linha de evolução, que não é a mais curta, ainda que seja muito nobre, e se a desenvolta intuição do homem o impele a ela, seguramente, que será a melhor adequada às suas faculdades. Não devemos esquecer de que tanto na ascensão espiritual quanto na física, nem todos são capazes do esforço que requer seguir o caminho mais escarpado e há muitos para que o caminho mais plano é o único possível. E seríamos discípulos indignos dos grandes Instrutores se consentíssemos que nossa ignorância emitisse o mais leve pensamento desdenhoso contra os que não elegem o mesmo caminho que nós.

Não obstante, pela completa ignorância das dificuldades do porvir, nos é impossível no presente estado de evolução predizer de que seremos capazes quando após muitas vidas de pacientes esforços tenhamos adquirido o direito de escolher nosso futuro; e na verdade que ainda que aqueles que cedam à "tentação de serem deuses" tenham diante de si uma carreira suficientemente gloriosa, conforme veremos. Para evitar toda má inteligência, convém advertir que a frase "cegar a Deus" tem nos livros outro significado de índole maligna, ainda que neste sentido não poderá ser uma tentação para o homem, altamente evoluído, por conseguinte, é alheio ao nosso estudo.

Na literatura oriental se usa frequentemente a palavra "deva" para significar qualquer classe de entidades não humanas, pelo que, por uma parte incluem as divindades e, por outra, os espíritos da natureza e os elementos fictícios ou artificiais. Não obstante, encontraremos o significado de devas à magnificente evolução que estamos considerando.

Ainda que relacionados com a terra não estão os devas confinados nela, porque o conjunto de nossa presente cadeia de sete globos é para eles como um só globo, pois evoluem num sistema superior de sete cadeias. Até agora se recrutaram principalmente suas hostes de outras humanidades do sistema solar, algumas superiores e outras inferiores à nossa, pois poucos indivíduos da terrestre chegaram ao nível em que foram capazes de se unir à evolução dévica. Mas, parece certo que algumas numerosas classes não passaram no caminho de sua evolução por nenhuma humanidade comparável à nossa.

Na atualidade, não nos é possível compreender aspectos do que concerne aos devas, mas com certeza é evidente que a meta de sua evolução há de ser muito superior à nossa meta; quer dizer que enquanto a finalidade da evolução humana é elevar aqueles que sejam capazes a certo grau de oculto conhecimento ao fim da sétima ronda, o objeto da evolução dévica é elevar suas primeiras filas a um nível muitíssimo mais alto em igual tempo. E, então, tanto para eles quanto para nós se abrirá um caminho mais escarpado, mas também mais curto, que conduza os esforçados às mais sublimes alturas, que no caso deles somente podemos conjeturar quais sejam.

Em nosso estudo do plano astral necessitamos apenas mencionar as três categorias inferiores dos devas, que são os devas astrais, chamados na antiga terminologia Kamadevas; os devas mentais inferiores ou Rupadevas; os devas mentais superiores ou Arrupadevas.

Do mesmo modo que o corpo físico é o mais inferior possível no homem, assim o corpo astral é o mais inferior possível no kamadeva. Está o deva astral em análoga situação a que se achará a humanidade quando chegar ao globo F da atual cadeia planetária; e ainda que viva em corpo astral pode se desprender dele e visitar no corpo mental a esfera superior, assim também o homem pode desprender-se do corpo físico para atuar em corpo astral. Se o deva astral é bastante evoluído não lhe será a atuação em corpo carnal mais difícil do que para o homem é o uso do corpo mental.

Da própria sorte, o corpo inferior do Rupadeva é o mental, ou seja, constituído com matéria dos quatro subplanos inferiores do plano mental, ou subplano das formas, enquanto que o corpo inferior do arrupadeva é o causal, constituído por matéria dos três planos superiores do plano mental.

Entretanto, a manifestação dos devas mentais e causais no plano astral é tão sumamente rara como a manifestação materializada de uma entidade no plano físico, pelo que basta mencionar essas duas categorias de devas. Quanto à categoria inferior ao dos devas astrais seria um erro crasso considerá-los imensamente superiores ao homem, pois alguns procedem de uma humanidade menos adiantada do que a nossa. O termo médio dos seus indivíduos avantaja muito ao nosso termo médio, porque se eliminou há muito tempo das suas filas todo o ativo e intencionalmente maligno, mas os indivíduos diferem muitíssimo em disposição, e um homem de altas qualidades morais, de excelente espiritualidade, não egoísta e magnânimo pode estar mais adiantado na escala da evolução do que alguns dos devas.

Pode se chamar atenção dos devas astrais por meio de certas evocações mágicas, porém a única vontade humana capaz de subjugar a sua é a de muito alta categoria de adeptos. Geralmente, parece como se não se dessem conta de nós no plano físico, no entanto, de quando em quando sucede que algum deles adverte alguma tribulação humana que excita sua compaixão e presta sua ajuda, assim como nós auxiliamos um animal que vemos angustiado. Não obstante, compreendem que no estado presente da evolução qualquer interferência nos negócios humanos seria mais prejudicial do que benéfica.

Superiores em categoria aos devas astrais existem outros quatro e sobre todo no reino dévico acham-se as vastas hostes de espíritos planetários cuja consideração estaria fora de lugar em um estudo sobre o plano astral.

Ainda que a rigor não pertençam a nenhuma das classes de humanos do plano astral, vem a propósito mencionar os admiráveis e importantes seres chamados os quatro Devarajas ou Devarregios. Nesta denominação, a palavra deva não deve ser tomada no mesmo sentido que até então, porque não rege o reino dévico, mas os quatro "elementos": terra, ar, água e fogo, com seus habitantes, espíritos da natureza e essências elementais. Nada sabemos acerca de como evoluíram os quatro Devarregios para chegarem a tão alto grau de sabedoria e poder, ainda que seja seguro que não passarão por nenhuma etapa correspondente à nossa humanidade.

Também se lhes chama Regentes da Terra ou Anjos dos quatro Pontos Cardiais[9] e nas escrituras hinduístas se lhes chama de Chabur Maharajás e se lhes dá os nomes próprios de Dhritarâshtra, Virûdaka, Virupaksha e Vâisharavana. Nas mesmas escrituras dão-se às hostes de sujeitos elementais aos Quatro Devbas Regios os nomes de Gandharvas, Kumbhandas, Nagas e Yakshas, correspondentes a leste, sul, oeste e norte respectivamente e cujas cores simbólicas são: branco, azul, vermelho e amarelo dourado. Na Doutrina Secreta se lhes chama de "globos alados" e "rodas ígneas"; e na profecia de Ezequiel são descritos com palavras muito semelhantes.[10] A eles se referem as simbologias religiosas e se lhes tributou sempre profunda reverência como protetores da humanidade.

São os agentes do karma do homem durante a vida terrena e, portanto, desempenham importantíssima parte no destino humano. As excelsas deidades kármicas do Kosmos,

---

9. Como prova que a Teosofia não é uma série de delírios ou fantásticas lucubrações, veja-se a admirável coincidência do exposto pelo autor e a seguinte passagem do Apocalipse: "E depois dessas coisas vi quatro anjos que estavam sobre os quatro ângulos da terra, detendo os quatro ventos". (Apocalipse. Cap. VII, vers. I).

10. Na profecia de Ezequiel descrevem-se as rodas dos versículos 15 a 21 do primeiro capítulo, e nos versículos do 2 ao 19 do capítulo 10.

denominadas Lipikas na Doutrina Secreta, pesam as ações de cada personalidade ao término da vida astral e proporcionam o molde de um duplo etéreo exatamente adequado ao karma do indivíduo em sua próxima vida terrestre, mas como queira, que os Devarajas governam os "elementos" constituintes do duplo etéreo, dispõem sua proporcionalidade de modo a que se cumpra exatamente a intenção dos Lipikas. Também os Devarregios vigiam constantemente a vida do indivíduo para contrabalancear os perpétuos câmbios que em sua condição introduz o homem por sua livre vontade e pela vontade dos que o rodeiam, a fim de que não prevaleça injustiça alguma e que, de um modo ou outro, se cumpra o karma.[11] São capazes de assumir forma humana à vontade e recordam-se de vários casos que assim procederam.

As categorias superiores de espíritos da natureza e hostes de elementais artificiais atuam tais quais agentes seus na obra estupenda que realizam, porém, todos os fios estão em suas mãos e sobre eles recai toda responsabilidade. Não se manifestam muito frequentemente no plano astral, mas quando se manifestam são os mais notáveis habitantes humanos. A um estudante de ocultismo não haverá necessidade de lhe dizer que assim como há sete ordens de espíritos da natureza e sete de essência elemental, deve haver sete e não apenas quatro Devarrajas. Mas, à parte do ciclo de iniciação pouco se sabe e menos pode se dizer dos três superiores.

---

11. Uma formosa descrição desses maravilhosos seres acha-se na Doutrina Secreta.

Capítulo V

Habitantes Artificiais

É a classe mais numerosa de entidades astrais e também a mais importante para o homem, porque são seres da sua própria criação. E se relacionam com ele por laços cármicos íntimos laços e direta e incessantemente atuam sobre ele.

É uma enorme massa de entidades de nível médio de inteligência que diferem entre si como diferem os pensamentos humanos, e é impossível classificá-las ou ordená-las. A única divisão possível é a que distingue entre os elementais artificiais formados inconscientemente pela maioria da humanidade e os formados deliberadamente pelos magos, ainda que pudéssemos relegar a uma terceira divisão a das entidades criadas artificialmente que não são elementais.

1ª Classe: Elementais Formados Inconscientemente

Já dissemos que a essência elemental que por todos os lados nos rodeia é de todas as suas numerosas variedades muito capaz de receber a influência do pensamento humano. A ação do mais leve pensamento errático na essência elemental forma uma nuvem de movimento rápido e configuração evanescente, conforme foi exposto. Agora, veremos como afetam a essência elemental definidos e deliberados pensamentos e desejos do homem.

O efeito produzido é de índole surpreendente. O pensamento apodera-se da essência elemental e molda instantaneamente com ela um ser vivente de forma apropriada e que, uma vez formado, já não depende de quem o formou, mas tem vida própria, cuja duração é proporcional à intensidade do pensamento de quem o formou. O mesmo cabe dizer do desejo.

Os pensamentos das pessoas são tão vagos e indecisos que os elementais por eles formados duram apenas poucos minutos ou ao máximo algumas horas. Todavia, um pensamento insistente ou um desejo ardoroso forma um elemental cuja existência pode prolongar-se durante muitos dias.

Considerando-se que os pensamentos do homem comum se referem quase sempre a si mesmo, os elementais que formam permanecem ao seu redor e constantemente se inclinam a provocar a repetição do pensamento originário, pois tais repetições, ao invés de formar novos elementais, intensificam o já formado e lhe ampliam a vida.

Assim é, que se um homem alimenta constantemente o mesmo desejo, forma uma espécie de astral acompanhante que, se de contínuo alimentado por novos pensamentos durante anos, irá adquirir cada vez mais influência sobre ele, de sorte que se o desejo é de índole sinistra os efeitos sobre seu caráter podem ser sumamente desastrosos.

Todavia, com mais fecundos resultados no bem ou no mal são os pensamentos do homem a respeito de seus semelhantes, porque então o elemental formado não atua sobre quem o forma, mas sobre o indivíduo a quem se dirige o pensamento. Se o pensamento ou desejo são amorosos, benévolos, amigáveis, com ardente anelo pelo seu bem, formarão e projetarão até a pessoa em quem se pensa amistoso elemental artificial.

Se o desejo tem caráter definido como, por exemplo, que saia em benefício de uma enfermidade, de um grave apuro, de uma situação difícil, o elemental formado favorecerá o êxito feliz e impedirá toda influência capaz de estorvá-lo. Nesta ação, desprenderá o elemental, o que parecerá ser considerável manifestação de inteligência e adaptação quando na realidade é tão só força atuante pela linha de menor existência que flui continuamente no mesmo sentido e aproveita quantos condutos haja, como a água de uma cisterna encontraria entre muitos desagues obstruídos o único livre, pelo que se apressaria a fluir.

Se o pensamento ou desejo fosse de condição indefinida a respeito do bem geral do indivíduo a quem se dirige, a essência elemental com sua admirável plasticidade responderia também exatamente àquele desejo indistinto. Por sua vez, o elemental formado desprenderá sua força no sentido da ação que mais fácil seja com vantagem para o favorecido. Em todos os casos a força desprendida pelo elemental e o tempo que vive para desprendê-la dependem inteiramente da intensidade do pensamento ou do desejo que o engendrou, ainda que também pode que o alimentem, intensifiquem e ampliem sua vida outros bons e favoráveis desejos chegados de distintas direções.

Além do mais, parece que o elemental artificial atuasse na forma de outros desejos, com afã instintivo de prolongar sua vida e assim reagisse sobre seu criador com uma força que se inclina, constantemente, a provocar a reprodução do pensamento ou desejo que o atualizou. Também influem os elementais artificiais nos indivíduos com os que se põem em contato ainda que sua relação não seja tão completa com eles.

Tudo o que se viu a respeito dos efeitos favoráveis dos bons pensamentos e desejos amistosos é também verdade no sentido oposto acerca dos maus pensamentos e desejos; e ao considerar quanta inveja, maldade, ódio e egoísmo há no mundo, compreende-se que entre os elementais artificiais se encontrem alguns de pontos de vista horríveis. O homem de pensamentos e desejos malignos, rancorosos, brutais, luxuriosos, avarentos e hostis leva consigo, onde quer que vá, pestilenta atmosfera psíquica povoada pelas repugnantes entidades formadas, então, suas companheiras. Deste modo, não apenas ele se acha em triste situação, mas representa perigo para seus semelhantes, pois quantos com ele se ponham em contato, arriscam a se contagiar pela influência das abominações que o indivíduo carrega.

Um sentimento de inveja ou de ódio lançado contra outra pessoa entranhará um elemental que se dirigirá a ela como flecha disparada e buscará o ponto mais fácil por onde penetrar. Se o sentimento é persistente, o elemental receberá novo estímulo e poderá prolongar sua vida enquanto persista o sentimento que o engendrou. Não obstante, não terá o mau desejo ou o pensamento sinistro ou o sentimento invejoso eficácia alguma se a pessoa a quem forem dirigidos não vibrar nem inclinar a vibrar na tônica sinistra do elemental formado por tão mórbidas emoções. Isso quer dizer que a pessoa malquerida não proporcionará ponto de apoio à potência do elemental cuja influência rechaçará como um broquel a aura do indivíduo de pensamentos puros e reta conduta, por não achar local onde se fixar e, então, pela lei mecânica reagirá contra quem o emitiu, onde encontrará motivo de atividade, de sorte que o indivíduo ficará ferido por suas próprias armas.

É comum ocorrer, entretanto, que um elemental factício dessa classe seja por várias razões incapaz de agir contra seu criador, e em tal caso restringe-se a ser uma espécie de demônio errante, facilmente, atraído por quem ceda a emoções e pensamentos análogos aos que o puseram em existência e também estará disposto a estimular esses pensamentos e emoções em quem o atrai, pela força deles recebida, e derramar nele sua influência maligna por qualquer resquício que lhe ofereça. Se o elemental for bastante poderoso se apoderará do cascarão que encontre em sua passagem, pois a posse dessa residência temporânea capacita-o a economizar mais cuidadosamente seus recursos terríveis. Deste modo, pode manifestar-se, valendo-se de um médium e simulando uma pessoa conhecida de modo a influir nos que de outro modo não lhes fora possível.

O exposto até aqui sobre o particular serve para confirmar a importância de manter em rigorosa sujeição nossos pensamentos. Muitos indivíduos bem-intencionados que, escrupulosamente, cumprem seu dever de palavra e obra para com o próximo, configura-se que seus pensamentos afetam somente a ele e assim os emitem alvoroçadamente em todas as direções, de todo ponto, inconscientes quanto ao número de entidades funestas que lançam ao mundo. A um homem assim seria horrível revelação o exato conhecimento dos efeitos do pensamento e do desejo na produção de elementais factícios, enquanto que, pelo contrário, seria grande consolo para muitos aos que angustia a impossibilidade de corresponder materialmente às bondades neles prodigalizadas por seus benfeitores. Tanto pobres quanto ricos podem emitir com toda eficácia bons pensamentos e desejos, e todo indivíduo é capaz, se assim o desejar, de se manter sempre ao lado do ser querido, onde quer que se encontre um anjo protetor.

Mais de uma vez, os pensamentos amorosos e as orações de uma mãe formaram para o filho um anjo guardião que o assistiu e protegeu, ao menos que o filho carecesse de todo instinto de receptividade às boas influências. Os clarividentes costumam perceber esses anjos guardiões.

E houve casos em que alguns deles foram bastante poderosos para se materializar e se tornar visível à percepção física. Convém mencionar o fenômeno curioso de que quando uma mãe passa ao mundo celeste o amor que derrama sobre seus filhos dos quais se imagina estar rodeada reage sobre eles, ainda que estejam no mundo físico, e mantém vivo o anjo guardião que criou enquanto esteve na terra, até que os filhos passem ao mundo astral. Assim disse Blavatsky na obra *Chave da Teosofia*: "Os filhos na terra sentirão sempre o amor materno e se lhes manifestará em sonhos em vários sucessos e em providenciais proteções e convite de perigos mortais, porque o amor é forte escudo não limitado pelo espaço nem pelo tempo".

Todavia, nem todos os relatos concernentes à intervenção dos anjos guardiões devem atribuir-se à ação dos elementais factícios, porque em muitos casos tais "anjos" eram as almas de seres humanos, ou vivos ou desencarnados, e também que ainda em raras ocasiões fossem devas,[12] a potência de um desejo veementíssimo, especialmente se com frequência se reitera, forma um ativo elemental que se dirige a seu objeto. Assim se explica, cientificamente, o que o devoto sem cultura filosófica chama de resposta a uma oração. Há casos, ainda que hoje raros, em que o karma de quem ora permite que o auxilie diretamente um Mestre ou seu discípulo e também cabe, todavia, mais rara a intervenção de um deva ou de um espírito amistoso da natureza. Porém, em todos os casos, o procedimento mais fácil para tal auxílio será a intensificação e acertada direção do elemental já formado pelo desejo. Recentemente, chegou a notícia de um dos nossos pesquisadores – um exemplo instrutivo e curioso da extrema persistência dos elementais factícios sob circunstâncias favoráveis. Algumas famílias inglesas de velha estirpe conservam a tradição de um significativo aviso de morte do chefe ou de algum indivíduo da família, quer dizer, que um fenômeno, sempre o mesmo, de índole distinta em cada família, anuncia, poucos dias antes, dita morte como, por exemplo, a ave branca dos Oxenhams, cuja aparição desde os tempos da

---

12. Veja-se a obra *Protetores Invisíveis*, Editora Isis.

rainha Isabel da Inglaterra foi seguro presságio de morte de algum indivíduo da família. Outro exemplo é do coche fúnebre que se detém às portas de um castelo da Inglaterra dias antes de ocorrer um luto na família residente no castelo.

Um fenômeno dessa classe, mas não tão extraordinário como os descritos, está registrado na família de um de nossos amigos e consiste em uma espécie de canto fúnebre que se ouve como se flutuasse no ar três dias antes da morte de um indivíduo da família. Nosso amigo ouviu por duas vezes o canto fúnebre e as duas vezes teve a confirmação do presságio, e porque as tradições de família asseguravam que o mesmo fenômeno vinha se repetindo no transcurso dos séculos, quis indagar por procedimentos ocultos a causa de tão estranho fenômeno.

O resultado foi tão surpreendente como interessante. Averiguou-se que no século XII o chefe da família foi às Cruzadas, como um dos tantos valorosos cavalheiros e levou consigo, para que ganhasse as honras da sagrada causa, o seu filho menor, que adorava e era um bem-apessoado jovem que muito prometia e cujo êxito na vida desejava veementemente seu pai. Mas por desgraça, mataram o jovem numa batalha, e o pai caiu em profundo desconsolo não somente pela perda de seu queridíssimo filho, mas porque havia morrido em plena juventude. Tão amarga foi a dor do cavalheiro, que se despojando de seus belicosos interesses, refugiou-se em uma das principais ordens monásticas daquela época, como voto de dedicar o resto de sua vida pela alma de seu filho, e para que dali em diante ninguém de seu sangue se achasse no que a sua simples e piedosa mentalidade lhe parecia terrível perigo de morrer sem preparo religioso. Dia após dia durante muitos anos foi derramando toda a energia de sua alma no canal daquele intenso desejo, com a firmíssima crença de que produziria a anelada finalidade.

Um estudante de ocultismo compreenderá facilmente qual seria o efeito de uma tão contínua e intensa corrente de pensamento e desejo definidos. O cavalheiro monge criou, artificialmente, um elemental de imenso poder com plenitude de recursos para seu particular objeto e o dotou de uma eterna energia capaz de dar indefinida realidade ao seu desejo.

Um elemental é como um acumulador elétrico sem fenda nem corte, e se consideramos quão intensa foi a energia acumulada que de tarde a tarde havia de usar algo dela, não é estranho que ainda hoje conserve sem detrimento sua vitalidade e avise aos descendentes do cruzado a proximidade da morte, repetindo aos seus ouvidos a estranha e queixosa música que foi o canto funeral de um jovem e valoroso soldado de há sete séculos na Palestina.

2ª Classe: Elementais de formação consciente

Posto que tais resultados como os descritos obtêm-se pela força mental de homens que desconhecem completamente o que estão fazendo, é fácil compreender que um mago conhecedor do assunto e que pode ver com toda exatidão o efeito de seus atos, possua imenso poder em seu pensamento. Tanto os magos brancos quanto os negros valem-se frequentemente em sua obra de elementais factícios cuja ação é muito extensa quando estão cientificamente preparados e dirigidos com hábil conhecimento, porque, quem assim sabe formá-los pode se relacionar com seu elemental e guiá-lo, independentemente de distância, de modo que atue como se estivesse dotado da mesma inteligência que seu dono.

Por vezes, magos brancos proporcionaram definidos e muito eficientes anjos guardiões por esse meio, ainda que raras vezes o karma permitisse semelhante interferência na vida de uma pessoa. Mas, em casos como o de um Mestre ou de um discípulo que no transcurso de sua obra corresse o risco de que forças o atacassem, contra as quais ele não pudesse prevalecer sem auxílio, foram-lhe proporcionados anjos guardiões que demonstraram plenamente sua vigilância desperta e seu formidável poder.

Também por meio dos mais hábeis procedimentos de magia negra podem se formar elementais factícios que por vários meios ocasionam muito dano. Mas, sucede com eles o mesmo que dissemos acerca dos elementais factícios formados inconscientemente, isto é, que se lançam contra uma pessoa de conduta reta e de puros pensamentos e emoções influentes, então, reagirá o elemental com terrível violência contra quem o engendrou, de modo que as lendas medievais em que aparece um amo negro destroçado por inimigos que ele mesmo levantou não são fábulas insensatas, mas sim de pavoroso fundamento.

Esses malignos elementais emancipam-se, às vezes, da obediência ao seu criador e convertem-se em demônios que vagam à aventura, como se disse dos elementais factícios formados inconscientemente. Contudo, os que agora consideramos são muito mais inteligentes e poderosos e é mais ampla sua vida, logo resultam relativamente mais perigosos. Procuram a todo custo prolongar sua vida, quer se alimentando iguais a vampiros, ao absorver a vitalidade de seres humanos ou influenciando-os para que lhes atribuam oferendas. E, entre as tribos meio selvagens logram, às vezes, que se lhes reconheçam tais quais deuses patronos de um povoado ou de uma família.

A mais abjeta e abominável espécie dessa classe de elementais pertence às falsas divindades que exigem sacrifícios cruentos, enquanto existem outros não tão sanguinários que se satisfazem com manjares de vários tipos. Em algumas comarcas da Índia existem hoje ambas as espécies desses elementais, e na África são relativamente mais numerosos.

Por meio da substância que podem extrair das oferendas e da vitalidade que absorvem de seus devotos, podem prolongar por muitos anos e ainda séculos sua existência e reter suficiente energia para, ocasionalmente, realizar fenômenos de índole indulgente para estimular a fé e os ciúmes de seus adoradores, mostrando-se esquivos e enojados se escasseiam ou cessam os sacrifícios habituais.

Exemplo disso nos dá o que aconteceu em uma aldeia da Índia, cujos vizinhos haviam observado que quando por alguma razão a divindade patrona do lugar não recebia suas costumeiras oferendas de alimento, estalavam simultaneamente três ou quatro incêndios nos sítios, sem que pudessem inculpar descuidos das famílias nem má intenção de agentes humanos. Demais casos análogos relembrará, sem dúvida, o leitor que conheça os rincões apartados do mais admirável país do mundo.

A arte de formar elementais factícios de extremada virulência e formidável poder parece ter sido uma das especialidades dos magos atlantes chamados "os senhores de tenebrosa face". Um exemplo de sua habilidade nesse labor dá-nos *A Doutrina Secreta* na passagem referente aos animais falantes aos que se devia aplacar com oferendas de sangue, para que não despertassem seus donos e os ameaçassem com a iminente destruição. Mas, além dessas estranhas bestas, os magos atlantes formavam outras entidades artificiais de tão tremenda energia que, secretamente, se insinuou a possibilidade de que algumas delas se mantivessem, todavia, em existência, ainda que há mais de onze mil anos que no cataclismo geológico seus criadores pereceram. A negra Kali, a terrível deusa cujos devotos cometeram em seu nome os espantosos crimes de Thuggee.[13] Ainda é adorada

---

13. Refere-se o autor à fanática sociedade dos adoradores da deusa Kali que, desafiando a vigilância da polícia inglesa, caçavam a laço a pessoa que estivesse

com ritos demasiado abomináveis para ser enumerados, que poderiam representar certa sobrevivência de práticas culturais que manchou o fundamento de um continente com perda de sessenta e cinco milhões de vidas humanas.

3ª Classe: Elementais Artificiais Humanos

Vamos considerar uma classe de entidades que ainda que, conste de muito poucos indivíduos, adquiriu importância muito superior a seu número por estar intimamente relacionada com o espiritualismo moderno. Incluímos essas identidades entre os habitantes artificiais do plano astral porque ainda que a rigor sejam humanos, tão distantes se encontram do curso da evolução comum, e as engendra uma vontade tão alheia à sua, que melhor será considerá-las tais quais entidades artificiais.

A fim de descrevê-los bem mais, começaremos por seu histórico e de fato temos de remontar de novo à raça atlante. Ao pensar nos magos e nas escolas de ocultismo daquele destacado povo acode à mente a lembrança das práticas malignas a que se entregaram nos derradeiros dias. Todavia, não podemos esquecer que antes da época de degradante egoísmo, a potente civilização atlante havia dado nobres e admiráveis frutos, e que entre seus governantes houve alguns que hoje se acham no auge da evolução humana.

Entre as lojas ou escolas de estudo ocultista, preliminares da iniciação que estabeleceram os adeptos da Boa Lei ou magos brancos, havia uma, em certa parte da América, que naquele tempo era tributária de um dos grandes monarcas atlantes, os Divinos Reis da Porta de Ouro. E ainda que tal loja tenha passado por muitas vicissitudes e tivesse de mudar sua

---

distraída numa paragem solitária e a sacrificavam cruelmente à deusa.

sede de um a outro país, conforme os invadiam os elementos transtornadores de nova civilização.

Todavia, subsiste e pratica o mesmo ritual e ensina a mesma língua sagrada e oculta que empregaram seus fundadores há muitos milhares de anos. Continua sendo, no entanto, o que foi desde seu estabelecimento, uma loja ou escola de ocultistas de propósitos puros e filantrópicos que conduziam pelo caminho do conhecimento os estudantes que mais progrediam e conferiam-lhes quantas faculdades psíquicas estivessem ao seu alcance, depois de rigorosas provas da aptidão do candidato. Seus instrutores não haviam chegado ao adaptado, mas aprenderam a entrar no Caminho a que esse nível havia de conduzi-los em vidas posteriores. E mesmo que a referida loja não participasse da Fraternidade dos Himalaias, alguns de seus membros se relacionaram com ela em encarnações passadas, e por isso mesmo se interessam vivamente por sua atuação.

Os chefes dessa loja, embora retraídos do bulício social, fizeram de tempos em tempos tudo quanto foi possível para o progresso da verdade no mundo. Acerca de um século, apesar do materialismo desenfreado que parecia sufocar toda espiritualidade na Europa e na América, tentaram combatê-lo por novo método, a fim de apresentar às pessoas de reto critério prova plena da vida ultra física que a ciência se empenhava em negar. Os fenômenos exibidos não eram absolutamente novos, pois de uma ou de outra forma a história não lhes fazia referência, mas seu modo de manifestação apresentava características completamente novas para o mundo moderno.

O movimento iniciado pelos chefes daquela loja foi sendo incrementado até se concluir na vasta organização do moderno espiritismo, e ainda que tenha produzido alguns resultados dos que não fora justo atribuir aos promotores do movimento, o certo é que cumpriram seu propósito de converter muitos céticos que não criam em nada à crença firmíssima da vida futura. Este foi um resultado magnífico por mais que alguém creia ter obtido a muito custo. O método adotado foi escolher uma pessoa comum depois da morte, despertá-la completamente no plano astral, instruí-la até certo grau nas possibilidades e poderes do plano e confiar-lhe depois a direção de um centro espírita. A entidade assim instruída ligava por sua vez ao mesmo tema outras entidades desencarnadas que influíam nos assistentes das sessões espíritas e os capacitavam para atuar como médiuns. Deste modo, prosperou e floresceu o espiritismo. Sem dúvida que alguns membros vivos da loja original se manifestariam de quando em quando de forma astral nos centros espíritas e ainda talvez se manifestem agora, mas o correto é que deixem a direção a cargo da entidade instruída desencarnada. O espiritismo cresceu muito mais rapidamente do que o esperado, de modo que não tardou em se emancipar e assim somente cabe atribuir-lhe indireta responsabilidade pelo aspecto que foi tomando.

Certamente, a intensificação da vida astral das entidades encarregadas dos centros espíritas retardava seu progresso natural. E ainda que a ideia fosse a de que tudo o perdido nesse aspecto seria compensado pelo bom karma criado na obra de dar a conhecer a verdade, logo se deixou de ver que não era possível valer-se durante longo tempo de um mesmo guia sem prejudicá-lo gravemente. Em alguns casos, pôde efetuar-se a substituição dos guias, mas noutros, tropeçava em dificuldades ao substituir um pelo outro e recorreu-se, então, a formar a curiosa classe de identidades a que chamamos "humanos artificiais".

O Ego do guia passava ao mundo celeste e à sombra constituída por seus princípios inferiores se lhe vitalizava de modo que aos assistentes das sessões do centro espírita lhes parecesse ser seu guia predileto. Parece que em princípio efetuaram esta operação os membros das lojas, mas resultou irritante e inconveniente por desperdício de energia; a mesma objeção se fez contra o emprego de elementais factícios, de modo que por fim decidiram que a entidade destinada a elevar o guia o elevasse com a condição de revestir-se do corpo astral desejado pelo que se ia ao mundo celeste e cujas características pessoais haveria de simular. Aqui não ficou muito claro.

Sabe-se que alguns membros da loja se opuseram ao recurso, argumentando que ainda que o propósito fosse muito louvável, suscitava engano. Contudo, a opinião geral foi, conforme parece, de que não havia tal engano, desde o momento em que a sombra era constituída pelos corpos astral e mental inferiores do guia elevado, de quem conservava suas características pessoais.

Esta foi a gênese da artificial ou factícia entidade humana, e se entenderá que em muitos casos se levou a cabo a elevação sem que os assistentes das sessões espíritas suspeitassem da simulação, ainda que por outra parte, os investigadores dos fenômenos espíritas observaram que de algum tempo se advertiam algumas diferenças no modo e disposição de se manifestar o guia. Inoperante seria dizer que nenhum dos membros da Grande Loja Branca empreendeu jamais a formação de uma entidade artificial dessa classe, embora não se opusessem a quem acreditava ser conveniente. O ponto fraco desse recurso está em que, além dos membros da loja original, muitos outros psíquicos podem adotá-lo e entre eles os magos negros do que já tiveram proveito para falsificar as comunicações espíritas. Essa classe termina com a descrição dos habitantes do plano astral, que com as reservas indicadas podem considerar-se completamente esquematizadas, pois a consideração detalhada do tema requereria toda uma vida de estudo e árduo labor.

Capítulo VI

Fenômenos

Ainda que no transcurso deste ensaio possamos mencionar e até certo ponto explicar alguns fenômenos metapsíquicos, não será demais enumerar os que mais frequentemente se manifestam nas sessões espíritas e observam os pesquisadores, e ao mesmo tempo registrar quais agentes entre os descritos ocasionam ditos fenômenos. Entretanto, os recursos do mundo astral são tão variados que quase todos os fenômenos conhecidos podem produzir-se por diversos meios, e assim é que tão apenas cabe estabelecer leis gerais sobre o particular.

As aparições, espectros ou fantasmas, chamados tecnicamente ectoplasmas, dão exemplo da observação exposta anteriormente, porque com o ambíguo e desconsiderado modo em que ditas palavras se empregam, enquadram quase todos os habitantes do plano astral. Certamente, que os psíquicos estão vendo continuamente tais ectoplasmas, enquanto que o homem comum necessita para "ver um fantasma", como vulgarmente dizem: que o fantasma se materialize ou que o indivíduo tenha um relampejar fugaz de percepção psíquica. A não ser porque nem uma nem outra das condições seja comum e corrente, nós nos encontraríamos na rua com tantos fantasmas na condição de transeuntes vivos.

Ao se observar um fantasma planando sobre um sepulcro, provavelmente será o duplo etéreo de um falecido recém-enterrado. Ainda que também possa ser a forma astral de um vivo, que durante o sono se desprendeu temporariamente do corpo físico para proteger o túmulo de um amigo. Ou ainda há a possibilidade de que seja um elemental factício formado pelo intenso pensamento de um vivo, que imagina achar-se presente no ponto onde se percebe o fantasma. Facilmente, distingue uma de outra dessas variedades quem tem exercitada a visão astral, mas para o psíquico inexperiente todas serão vagas e indistintamente fantasmas.

Não são raras as aparições dos moribundos, e com frequência são realmente visitas do Ego em forma astral antes de sua definitiva separação do corpo físico. Podem ser também essas aparições o elemental formado pelo forte desejo do moribundo de ver um ser querido antes de morrer. Existem casos em que o fantasma é na realidade o Ego em forma astral que aparece em algum lugar momentos após a morte do corpo físico, ainda que esses casos não sejam frequentes.

As aparições em locais onde se perpetuou algum crime são comumente do elemental projetado pelo assassino, que vivo ou morto continua a pensar nas circunstâncias de sua ação, e como tais pensamentos são mais intensos ao cumprir-se o aniversário da ocorrência do crime, nesse dia é o elemental o bastante vigoroso para se materializar de modo que resulte perceptível à simples vista e assim se realiza a periodicidade dessa classe de aparições.

Outro ponto concernente a esses fenômenos é que quando ocorre uma tremenda perturbação emocional, onde quer que seja deixa-se sentir espantoso terror, profunda tristeza, aguda pena, intenso ódio ou qualquer outra modalidade de acerba paixão, fica impresso o seu efeito com tão assinalado caráter na luz astral, que a percebe e sente profundamente qualquer pessoa que tenha o mais débil vislumbre de faculdades psíquicas. Somente necessitaria um incremento temporâneo dessas faculdades para visualizar a cena e ver o sucesso que com todos os pormenores se reproduz ante seus olhos, e em tal caso referiria que havia visto um fantasma.

Assim é que os incapazes em qualquer circunstância de visão psíquica notam sensação desagradável quando passam pelo lugar da árvore Tyburn, ou não podem permanecer na Câmara dos Horrores de Madame Tussand, ainda que não percebam de que seu transtorno emocional provém das espantosas impressões que na luz astral causam os lugares e objetos que retratam horror e crime e da presença das repulsivas entidades astrais que sempre circulam por tais lugares.

Fantasmas de Família

Esses fantasmas que a história das aparições nos representa como peculiares dos castelos feudais, podem ser elementais factícios ou uma vivíssima impressão na luz astral, ou também, um antepassado da família que, todavia, ligado à terra, agrada-lhe frequentar os cenários em que concentrou seus pensamentos e esperanças durante a vida terrena.

Toques de timbre e outros fenômenos análogos

Nós nos referimos anteriormente a outros fenômenos de frequentação, que se manifestam comumente nas modalidades do toque de timbres, lançamento de pedras, movimento de móveis e quebra de louça. Esses fenômenos são causados quase invariavelmente por agentes elementais, ou postos cegamente em ação por uma ignorante entidade astral humana que se esforça em chamar atenção dos seus sobreviventes, ou intencionalmente por algum espírito da natureza de maliciosa puerilidade.

Espíritos da Natureza

A essas entidades será atribuído o que de verdade possa haver nas estranhas lendas e contos de fadas, tão conhecidos na demótica de todos os países. Às vezes, acesso temporâneo de clarividência, que não é raro nos habitantes de remotas comarcas montanhesas, capacita algum caminhante atrasado a perceber as brincadeiras e os alegres jogos das fadas. Contudo, em outras, comprazem-se em se divertir à custa de uma pessoa aterrorizada e enfeitiçá-la de modo que, por exemplo, pareça-lhe ver casas e gente no despovoado. Frequentemente, esta ilusão não é momentânea, mas o enfeitiçado passa por uma longa série de imaginárias e surpreendentes aventuras até que todo aquele espetáculo fascinante se desvaneça de repente, e o indivíduo desiludido encontra-se em um solitário vale ou em uma planície açoitada pelo vento. Por outro lado, não se aceitará como fatos certos todas as lendas e contos populares acerca dos espíritos da natureza, pois as mais grosseiras superstições costumam estar mescladas com as crenças dos camponeses sobre esses seres, como demonstrou o caso de um terrível assassinato cometido na Irlanda.

A essas mesmas entidades se atribuirá grande número dos chamados fenômenos físicos que se produzem nas sessões espíritas, e muitas destas sessões têm sido governadas por essas travessas entidades que realizam coisas ao parecer tão surpreendentes como as respostas a determinadas perguntas; a declaração de supostas mensagens por meio de batidas ou inclinação de tripés ou veladores; a exibição das chamadas "luzes de um espírito"; o aporte de objetos distantes; a adivinhação do pensamento de algum circunstante; a precipitação de escritos ou desenho e até materializações.

Assim é que se qualquer espírito da natureza estiver disposto a isso, será capaz de dar uma sessão espírita igual às mais surpreendentes de que se tem notícia, porque ainda que haja fenômenos cuja reprodução não é fácil, seu maravilhoso poder alucinador capacita-o a convencer os circunstantes de que na realidade ocorreu, a menos que esteja presente um experto observador que compreenda suas artimanhas e saiba desbaratá-las. Em geral, sempre que em uma sessão espírita sobrevenham brincadeiras ou burlas de mau gênero, cabe inferir a atuação a um espírito da natureza de ínfima categoria ou de entidades astrais humanas que durante a vida terrena foram de nível bastante baixo para se recrearem em tantas estúpidas diversões.

Entidades Comunicantes

Numerosas são as entidades astrais capazes de "comunicarem-se" numa sessão espírita ou de observar um médium extático e falar por sua intervenção. Apenas há uma classe de habitantes do plano astral de cujas filas não pode se extrair alguma entidade comunicante, ainda que após as explicações expostas será compreendido facilmente que há muitas probabilidades contrárias a que a comunicação provenha de uma entidade superior.

Uma entidade manifestada costuma ser, às vezes, exatamente o que disse ser, mas também, às vezes, não é, e o comum dos homens não tem meio algum de distinguir a entidade verdadeira da falsa, pois em tão grande medida é capaz de alucinar um vivente no plano físico uma entidade que disponha de todos os recursos do plano astral, e que nenhuma confiança merece o que parece a mais convincente prova. Se a entidade comunicante manifesta algo que se apresente como um irmão mais velho de um indivíduo, há muito tempo falecido, não pode ele ter a segurança de que de fato é o espírito do seu irmão. Se a entidade revela algo conhecido apenas do irmão morto e do que está vivo na terra, tampouco há de se dar por convencido, pois poderia ter lido algum segredo na sua própria mente ou na luz astral. E ainda, se a entidade comunicante quer extremar a prova e diz ao indivíduo em questão algo que ele ignore, referente ao seu irmão, mas que depois deixa comprovado, também pode ter lido esse informe na luz astral, ou é possível que a entidade comunicante seja tão apenas a sombra do irmão morto e conserve sua memória, mas que de modo algum seja ele mesmo.

Não podemos negar nem por um momento que, às vezes, são recebidas nas sessões espíritas importantes comunicações de entidades rigorosamente autênticas, mas afirmamos que ao assistente comum das sessões espíritas é completamente impossível ter a certeza de que não será miseravelmente enganado, de um ou de outro modo. Houve alguns casos, ainda que poucos, que membros anteriormente da aludida loja dos ocultistas, iniciadora do moderno espiritismo, se valeram de um meio para dar uma série de ensinamentos proveitosos sobre temas interessantíssimos. Contudo, ocorreu em sessões de índole familiar e privada, jamais em reuniões espetaculares com entrada paga.

Recursos Astrais

Para compreender os métodos pelos quais se produzem grande número de fenômenos físicos, é preciso ter ideia dos recursos de que pode dispor uma entidade atuante no plano astral, ainda que não seja fácil esclarecer este assunto, porque o impedem certas restrições evidentemente necessárias. Mas, talvez, não ajude a consideração de que o plano astral é em muitos aspectos ampliação do físico e que o conceito da matéria etérea, também física, apesar de intangível, servirá para demonstrar como se fundem ambos os planos. De fato, conforme o conceito hinduísta do *Jagrat* ou consciência em vigília, os planos físico e astral são fundidos, como se constituíssem um só plano cujos sete subplanos foram os quatro estados sólido, líquido, gasoso e etéreo da matéria física e os três subplanos inferiores do plano astral genuíno.

Assim, nos será fácil dar um passo mais adiante e adquirir a ideia de que a percepção astral pode ser definida sob certo aspecto, como a capacidade de receber um número enormemente crescente de vibrações. Por meio do corpo físico percebemos porção curta de vibrações; outra curta porção de vibrações muitíssimo mais rápidas nos afeta, como luz e eletricidade; mas há imenso número de vibrações de uma e outra índole mais além de um e outro extremo da porção percebida e ainda intermediária entre as recebidas, que não detectam nossos sentidos físicos. Mas, se todas ou pelo menos algumas destas vibrações fisicamente imperceptíveis podem ser percebidas astralmente com todas as complicações derivadas da diferença de longitude de onda, se amplificará e incrementará notavelmente no nível astral nossa compreensão da natureza e poderemos conhecer muitas coisas que agora são a nós ocultas. Admite-se que algumas destas vibrações transmitem-se facilmente pela matéria sólida e assim se explicam cientificamente as peculiaridades da visão etérea, ainda que pelo que se refere à visão astral, a teoria da quarta dimensão explica-a mais completamente.

Clarividência

Se um indivíduo é dotado de visão astral, capaz de produzir resultados aos que dela carecerem, parecerá prodigioso como, por exemplo, ler uma passagem de um livro fechado, e quando lembramos que a visão astral capacita ler exatamente o pensamento de uma pessoa e também para observar um objeto que esteja em qualquer lugar do globo, se a visão astral combina-se com o conhecimento de projetar correntes na luz astral, compreenderemos a possibilidade de manifestação de todos os fenômenos de clarividência sem necessidade de nos remontar mais além do plano astral.[14]

A adestrada e absolutamente autêntica clarividência atualiza um grupo de faculdades muito diferentes das físicas; mas como pertencem a um plano superior, não trataremos delas.

Previsão e Segunda Visão

A faculdade de previsão exata corresponde a um plano superior ao astral, mas a consideramos porque frequentemente percebe a visão astral rajadas ou reflexos dela, sobretudo entre pessoas ingênuas que vivem em condições favoráveis. Um exemplo dessa faculdade de previsão é o que os montanheses da Escócia chamam "segunda visão". É importante salientar que qualquer habitante inteligente do plano astral é capaz de perceber essas vibrações etéreas e também, caso seja instruído, poderá atualizá-las e valer-se delas.

Forças Astrais

Facilmente se compreende que não é possível divulgar muito acerca das forças astrais e do modo de manejá-las, ainda que caiba supor que daqui a não muito tempo se darão a conhecer ao mundo uma ou duas delas. No entanto, caso seja possível, sem transpor os limites do permitido, dar dessas forças ideia suficiente para mostrar esquematicamente a produção de certos fenômenos.

Todos quantos tenham experiência em sessões espíritas, em que se manifestam fenômenos físicos, terão notado em uma ou outra ocasião o emprego de forças irresistíveis, como, por

---

14. Veja-e a este propósito a obra *Clarividência* em que estão tabuladas e explicadas as suas variedades com numerosos exemplos.

exemplo, a que instantaneamente move pesos enormes, e se o observador é versado em mecânica refletirá sobre a origem de semelhante força e a alavanca empregada. Como sucede sempre em relação aos fenômenos astrais, há vários meios de atualizar tal força, mas de pronto, bastará indicar quatro.

1º Correntes etéreas

Sobre a superfície da terra fluem constantemente, de polo a polo, correntes etéreas de intensidade tão irresistível como a das marés, e existem métodos de utilizar com toda segurança tão estupenda força, mas se exporia a risco gravíssimo quem tentasse governá-la sem o devido conhecimento.

2º Pressão Etérea

Esta pressão é análoga à atmosférica, ainda que imensamente maior. Na vida comum conferimos pouca importância tanto a uma quanto a outra, contudo ambas existem, e se a ciência fosse capaz de fazer em determinado espaço o vazio do éter como faz o do ar, ficaria comprovada a pressão etérea do mesmo modo como se comprova a atmosférica. A dificuldade de fazer o vazio do éter consiste em que a matéria etérea interpenetra a sólida, a líquida e a gasosa, de sorte que os físicos não conhecem, todavia, meio capaz de separar determinado volume de éter da massa geral de matéria etérea. Não obstante, o ocultismo prático ensina o modo e provocar a pressão etérea e atualizar sua formidável força.

3º Energia latente

Há vasto acúmulo de energia potencial que permaneceu como adormecida na matéria durante a evolução sutil em densa, de sorte que transmutando a densa em sutil pode atualizar-se e aproveitar-se parte da energia latente, como ao transmutar os estados da matéria física atualiza-se a energia latente na modalidade de calor.

4º Vibração Simpática

Surpreendentes resultados maiores ou menores podem ser obtidos pela ampliação do princípio de vibração simpática. Os exemplos tomados do plano físico mais desfiguram do que elucidam os fenômenos astrais, pois admitem apenas aplicação parcial, mas o exame dos simples fenômenos da vida comum contribuirá para esclarecer este importante aspecto para que não se leve a analogia mais além do seu limite natural. Sabemos que se tocamos vigorosamente a corda de uma harpa, seu movimento provocará vibrações simpáticas nas cordas correspondentes de um número de arpas colocada em torno e sintonizada com aquela. Também é do conhecimento geral que quando um corpo de tropas passa por uma ponte pendente, vai a passo livre, pois o marcial levantaria pelo movimento compassado vibração cada vez mais intensa, até que vencida a resistência do ferro se fundiria a ponte.

Presentes tais analogias, ainda que apenas parciais, resulta mais compreensível que quem conheça exatamente a tônica a que há de emitir suas vibrações, ou, melhor dizendo, se conhece a nota tônica da matéria que deseja afetar ou pôr em vibração, poderá provocar imenso número de vibrações simpáticas. Quando esse fenômeno se manifesta no plano físico não se atualiza adição à energia. Entretanto, no plano astral a matéria com que tratamos é muito menos inerte, e quando a atualizamos por meio das vibrações simpáticas acrescenta sua própria força viva ao impulso original que assim pode se multiplicar várias vezes e por ulterior repetição sintônica do mesmo impulso. Do mesmo modo que repetem o passo os soldados que atravessam marcialmente a ponte, as vibrações podem intensificar-se até o ponto de aparecer o edito muito superior à causa. Na verdade, cabe dizer que apenas há limite para os fenômenos capazes de realizar um mago branco que compreenda as possibilidades dessa força vibratória e habilmente a maneje, uma vez que a construção do universo foi o resultado das vibrações emitidas pela Palavra falada.

Mantras

Da vibração simpática depende a eficácia da vibração dos mantras que produzem efeito pela repetição de certos sons sem necessidade de se valer de um elemental.

Desintegração

Pode realizar-se esse fenômeno pela ação de vibrações rapidíssimas que vencem a coesão das moléculas do objeto desintegrado. Uma tônica vibratória, todavia, mais alta e de diferente tipo cindirá as moléculas em átomos. Um corpo reduzido por esse meio ao estado etéreo pode mover-se de um ponto a outro com suma rapidez, impelido por uma corrente astral, e enquanto cesse a ação da força que o pôs em tal estado, a pressão etérea obrigará o corpo a reassumir seu primitivo estado.

Aos estudantes noviços custa-lhes compreender como pode conservar-se a configuração de um objeto assim tratado, pois põem o reparo de que se um objeto metálico, por exemplo, uma chave, se funde e depois se vaporiza pelo calor, ao se condensar voltará ao estado sólido, mas já não será uma chave, senão um pedaço de ferro. A objeção parece certeira, ainda que a rigor não enquadre bem a analogia.

A essência elemental que dá forma à chave volta ao depósito universal enquanto se destrói seu temporário corpo sólido, mas não a afeta a ação do calor; e quando a matéria vaporizada recupera o estado sólido, a essência elemental correspondente à matéria sólida já não é a mesma que antes e, portanto, não pode assumir a mesma forma. A essência elemental saiu da chave física como saem os princípios suprafísicos do homem quando se queima seu corpo físico, sem que em nada lhes afete o calor ou o frio.

Se um mago que desintegrar uma chave com o propósito de levá-la de um ponto a outro, impelida pelas correntes astrais, haverá de reservar a mesma essência elemental na forma exata da chave até terminar o transporte e, então, sua força de vontade atuará como um molde em que a matéria solidificada recobre sua forma primitiva, ou melhor, a cujo entorno se agreguem as moléculas. Assim, a não ser que falhe o poder de concentração do operador, voltará a matéria a tomar a forma de chave.

Desse modo se efetua, às vezes, nas sessões espíritas o aporte de objetos desde longuíssimas distâncias e é evidente que, desagregados, podem passar com toda facilidade através das paredes de uma casa ou da tampa de uma caixa fechada, de sorte que o comumente chamado "a passagem da matéria através da matéria" é coisa tão simples, quando propriamente se compreende, como a passagem da água por uma peneira, ou de um gás através de um líquido nos experimentos químicos. Vista a possibilidade de transmutar a matéria do estado sólido ao etéreo mediante mudança da tônica vibratória, infere-se que também é possível inverter o processo e solidificar a matéria etérea.

Materialização

De modo similar, a passagem da matéria sólida à etérea explica o fenômeno da desintegração, assim, o processo inverso explica o de materialização e igualmente que no primeiro caso é necessário esforço persistente de vontade para impedir que o objeto reassuma o estado sólido, é também necessário o esforço continuado da vontade para que o objeto materializado não se restitua à sua condição etérea.

Nas materializações em sessões espíritas comuns, a matéria necessária se extrai enquanto é possível do duplo etéreo do médium, operação nociva para sua saúde e também inconveniente para muitos outros conceitos. Assim se explica que a forma materializada se mantenha em comum na proximidade imediata do médium ao qual se vê atraída com se tentasse voltar ao ponto de procedência, e caso se a separa do médium, não tarda em se desvanecer, e sua matéria constituinte retorna à sua origem.

Não há dúvida de que em alguns casos também se subtrai temporariamente do médium algo de matéria densa e visível, por muito difícil que nos seja compreender a possibilidade de semelhante subtração. Presenciei casos em que indubitavelmente ocorreu esse fenômeno, comprovado por considerável perda de peso do corpo físico do médium.[15]

A obscuridade

Agora explicamos por que as entidades dirigentes de uma sessão espírita operam com mais facilidade às escuras ou à meia-luz, pois seu poder não bastaria nos casos em geral para manter materializada uma forma, nem se quer a de uma mão, em meio às intensas vibrações de uma luz brilhante. A forma materializada se desvaneceria em poucos segundos. Os habituais frequentadores das sessões espíritas terão observado que as materializações são de três classes: 1º Tangíveis, mas não visíveis; 2º Visíveis, mas não tangíveis; 3º Visíveis e tangíveis.

Na primeira classe, as mais frequentes pertencem às invisíveis mãos que esbofeteiam os circunstantes e transportam pequenos objetos de um a outro lado da sala. Também são dessa

---

15. Casos semelhantes são descritos na obra do Coronel Olcott: *Gentes do Outro Mundo* e em *Um caso de desmaterialização*, de M. A. Aksakov).

classe os órgãos vocais que emitem a voz direta. Neste último caso se utiliza uma classe de matéria que não pode refletir nem interceptar a luz, mas que em determinadas circunstâncias emite vibrações acústicas.

Fotografias

Há uma variedade dessa classe de materializações parciais que, ainda que não reflitam as modalidades de luz que percebemos, são capazes de afetar os raios ultravioletas e impressionar mais ou menos definidamente a câmera fotográfica e obter fotografias. Quando não se dispõe de suficiente poder para produzir uma perfeita materialização, manifesta-se uma forma vaporosa pertencente à segunda classe, pois se vê e a entidade dirigente adverte os circunstantes de que não tentem tocá-la. Muito raros são os casos da terceira classe em que, por dispor de força bastante para a materialização, é visível e tangível a forma materializada.

Quando um mestre ou discípulo necessita materializar seu veículo mental ou astral não vai subtrair a matéria do seu duplo etéreo nem da parte densa do físico, pois sabe como utilizar a matéria etérea circundante.

Reduplicação

Esse fenômeno se produz ao formar uma perfeita imagem mental do objeto que se reproduzirá. A imagem serve de molde em torno da qual se agrega a necessária matéria física e astral. Certamente, que para isso é necessário manter simultaneamente em vista todas as partículas interiores e exteriores do objeto que se há de reduplicar e, por conseguinte, é um fenômeno que requer muitíssima força de concentração. Os que não sabem extrair diretamente a matéria do éter circundante costumam subtraí-la do mesmo objeto que por isso diminui de peso.

Precipitação

Deste fenômeno fala-se em alguns tratados filosóficos que aludem à precipitação de cartas e desenhos que podem ser obtidos por vários modos. O Adepto, desejoso de comunicar-se com alguém pode colocar ante ele uma folha de papel, formar uma imagem mental do escrito que deseja estampar no papel e extrair do éter a matéria com que vai objetivar a imagem. Também poderia estampar da própria sorte o escrito numa folha de papel estendida por seu correspondente, fosse qual fosse a distância. Outro procedimento adotado com frequência, porque economiza tempo, consiste em estampar a letra do escrito na mente de um discípulo que, então, haverá de tomar a folha de papel e imaginar que está vendo seu Mestre escrever de seu punho e letra a carta e em seguida passará a objetivá-la. Se lhe for difícil efetuar, simultaneamente, as operações de extrair a matéria do éter circundante e de precipitar o escrito sobre o papel, deverá dispor de tinta ou de pós-coloridos que por ser já matéria densa será manipulada facilmente.

Com certeza, esta faculdade seria uma arma perigosamente terrível em mãos de um mago negro, pois poderia falsificar letra e firma de qualquer pessoa sem que os peritos calígrafos pudessem descobrir pelos meios comuns como se efetuara a falsificação. Um discípulo definitivamente relacionado com um Mestre tem na precipitação a prova infalível de que uma mensagem provém ou não autenticamente do seu Mestre, enquanto que para outros, a prova da sua origem estriba-se unicamente no espírito que se desprende do conteúdo da mensagem, pois o caráter da letra não serve de prova concludente.

Quanto à rapidez, um discípulo novo na tarefa de precipitação será tão somente capaz de visualizar tantas palavras de uma vez e apenas irá um pouco mais rápido do que se escrevesse a carta à mão. Todavia, o experto nesta classe de trabalho poderá visualizar de uma só vez todo um parágrafo ou talvez a mensagem inteira. Desta sorte, numa sessão espírita se precipitam, às vezes, longas cartas em poucos segundos.

Quando se há de precipitar um desenho, ou uma gravação, ou uma pintura, o procedimento é o mesmo com a única diferença de que é indispensável visualizar o tema de um só golpe, e se o quadro é colorido complica-se a operação, pois será necessário dispor das cores separadamente para reproduzir com toda exatidão as tintas e tonalidades do original. Evidentemente, que consta nesse procedimento dilatado campo onde exercitar a faculdade artística, mas não se deve entender que qualquer habitante do plano astral seja capaz de produzir boas pinturas, pois quem foi hábil pintor na vida física obterá muito mais perfeitas precipitações do que quem não soube o que era a arte pictórica enquanto viveu na terra.

Escritura em lousas

Esta escritura que tanta fama deu a alguns médiuns pelas condições de prova em que a realizaram, efetua-se por precipitação, ainda que mais frequentemente o giz encerrado entre ambas as lousas seja movido pela mão de uma entidade astral de quem estão apenas materializadas as pontas dos dedos.

Levitação

É um fenômeno que ocasionalmente ocorre nas sessões espíritas e mais frequentemente entre os Iogues orientais, e no geral consiste no levantamento de um corpo humano no ar como se flutuasse. É evidente que quando o que se levanta no ar é um médium, o fenômeno tem por agente a mão de uma entidade astral. Contudo, há outro procedimento para realizar esse fenômeno, que sempre se emprega no Oriente e algumas vezes na Europa. A ciência oculta conhece o modo de neutralizar e ainda de inverter inteiramente a força de gravidade, e pelo prudente uso desse conhecimento pode produzir-se facilmente o fenômeno de levitação. É sem dúvida que pelo conhecimento desse segredo foi possível na Índia antiga e na Atlântida a elevação de aviões que sem motor mecânico podiam receber movimento e direção. Também ao mesmo segredo das forças sutis da Natureza se atribuiu o trabalho dos que construíram as muralhas ciclópicas e as pirâmides.

Luzes

Com o conhecimento das leis da Natureza que os recursos do plano astral põe à disposição dos seus habitantes, a produção de luzes é um fenômeno muito simples, tanto das tenuamente fosforescentes quanto das elétricas brilhantes e também a dos estranhos glóbulos luminosos saltitantes em que tão facilmente se transmutam os elementais do fogo. Considerando-se que toda luz se origina das vibrações da matéria etérea, é vidente que todo aquele que conheça o modo de provocar essas vibrações logrará produzir a luz da intensidade que lhe convenha.

Manejo do fogo

Também por meio da essência elemental etérea é possível manejar o fogo, ainda que também haja outros meios de produzir esse fenômeno. Uma sensibilíssima capa de matéria etérea pode manipular-se de sorte que não a afete o calor, e quando a mão do médium ou de um circunstante está recoberta de tal película como por uma luva pode agarrar uma brasa de carbono ou de ferro do vermelho ao branco com toda segurança de não se queimar.

Transmutação

Comumente se crê que a transmutação dos metais foi um sonho dos alquimistas da Idade Média, e seguramente em alguns casos essa transmutação foi tão somente um símbolo material da purificação da alma ou da alquimia espiritual. Não obstante, há alguma prova de que materialmente transmutaram metais em várias ocasiões e ainda hoje e existem no Oriente magos subalternos que afirmam realizar dita transmutação.[16]

A possibilidade desse fenômeno está demonstrada pela consideração de que o átomo derradeiro é o mesmo em todas as substâncias de matéria física e difere apenas pelo método de sua combinação, pelo que, quem quer que saiba como reduzir um metal ao estado atômico e agrupar em ordem distinta seus átomos derradeiros obterá o metal correspondente à nova ordenação dos átomos derradeiros.

Repercussão

O princípio de vibração simpática a que antes nos referimos explica também o estranho e pouco conhecido fenômeno de repercussão que consiste em que qualquer golpe, marca ou sinal na forma materializada se reproduza exatamente no corpo físico. Indícios desse fenômeno são constatados nas provas aduzidas durante os processos judiciais contra as bruxas da Idade Média, em que aparece frequentemente a afirmação de que se reproduziam no corpo físico da bruxa as feridas causadas, quando se havia aparecido na figura de cão ou lobo. A mesma estranha lei conduziu algumas vezes a culpar injustamente de

---

16. Hoje é reconhecida e comprovada pela ciência a transmutação de certos elementos químicos em outros, e, o mercúrio pode-se transmutar em ouro, ainda que o enorme custo do procedimento não dê utilidade prática à transmutação.

fraude um médium, porque uma matéria colorante friccionada sobre a mão materializada de uma suposta entidade astral encontrou-se mais tarde que manchava a mão do médium, quando na realidade o suposto "espírito" não era mais do que o duplo etéreo do médium, obrigado pela influência da entidade guiadora da sessão espírita a tomar distinta forma. A parte etérea e a parte densa do corpo físico estão tão intimamente entrosadas que é impossível alterar a nota vibratória de uma sem que imediatamente levante exata vibração da outra.

Segunda Parte

O Plano Mental

Capítulo I

Preliminares

Ainda que ao devakan ou plano mental se lhe chame também mundo celeste, não se deve considerar tão somente como o mundo em que tem realidade as mais espiritualizadas ideias que do céu mantêm as religiões confessionais, pois também deve se considerar como um mundo, plano, nível, esfera ou região de nosso universo, como um mundo esplêndido de exuberante vida onde podemos residir agora o mesmo que depois da vida astral, no período do intervalo entre duas encarnações.

Unicamente nosso escasso desenvolvimento, a limitação a que nos sujeita a vestimenta da carne, impede-nos de dar conta de que o esplendor, a glória do céu estão aqui e agora ao nosso redor, e que as influências que dimanam do mundo celeste atuariam em nós se fôssemos capazes de compreendê-las e recebê-las.

Por impossível que isso pareça ao profano, é a mais evidente e simples realidade para o ocultista e aos que não compreenderam, todavia, a essa verdade fundamental nós lhes repetiremos o conselho de Gautama, o Buda: *"Não vos queixeis nem chorais, nem suplicais, senão abri os olhos e vede, porque a luz os envolve e só falta que arranqueis a venda dos olhos e olhai. É algo admirável, formoso, superior a tudo quanto sonhou o homem, a tudo quanto pelo que chorou e suplicou e é além do mais, sempiterno".*

É absolutamente necessário para o estudante de Teosofia compreender a verdade capital de que há em nosso universo sete planos, mundos, níveis, esferas ou regiões, cada um com sua matéria peculiar de grau de densidade apropriado, que interpenetra a matéria do plano contiguamente inferior. Parece que a ideia completa é, conforme expõe o autor na primeira parte, que a matéria de todos os planos se interpenetra sem se confundir. Portanto, as palavras "superior" e "inferior", "alto" e "baixo", referentes aos planos ou mundos do nosso universo, não denotam sua posição, posto que todos ocupam o mesmo espaço[17], senão que apenas indicam o maior ou menor grau de condensação da matéria primordial e sua diversificada tônica de vibração.

Em consequência, quando dizemos que um indivíduo passa de um plano a outro não significa essa passagem o menor movimento no espaço, mas simplesmente uma mudança de consciência. Porque cada ser humano tem em si mesmo matéria de cada um dos sete planos e um veículo ou corpo correspondente a cada um deles, por cujo meio pode atuar quando sabe manejá-lo. A distinção entre veículo e corpo consiste em que veículo é um corpo que já o Ego domina e manipula e por cujo meio pode atuar quando sabe manejá-lo.[18] Assim é que a passagem de um plano a outro equivale a mudar de um a outro veículo e no atual estádio de evolução da massa geral da humanidade, essa mudança contrai-se ao uso dos veículos astral e mental em vez do físico.

---

17. De tal sorte que num corpo composto de quatro a cinco elementos químicos, todos os componentes ocupam o mesmo espaço e todos conservam sua individualidade química.

18. Dos sete veículos ou corpos estão em função somente o físico, o astral e o mental. Os outros quatro acham-se em estado embrionário e potencial.

Cada um desses corpos responde unicamente às vibrações da matéria de seu próprio plano, de sorte que quando a consciência está enfocada no corpo astral, percebe somente o mundo astral, assim como quando se enfoca nele os veículos astral e mental em vez do físico, ainda que ambos os mundos, como todos estão sempre ativos ao nosso redor. Todos esses planos constituem um potente e vívido conjunto, ainda que nossas, todavia, débeis faculdades nos permitam perceber somente uma parte muito curta.

Ao considerar o tema de localização e interpretação devemos nos precaver contra possíveis erros. Quanto aos três planos inferiores de nosso sistema solar, convém advertir que cada planeta ou globo físico tem também seus peculiares mundos astral e mental, de modo que os três interpenetram dentro do campo de força de cada planeta, mas não se interpenetram com os mundos físico, astral e mental dos demais planetas. Mas, desde o búdico para cima todos os planos são comuns a todos os planetas do sistema. Não obstante, como cada plano se subdivide em sete planos, conforme o grau de sutileza de sua matéria, nós temos que o plano de matéria mais sutil estará constituído pelos átomos da matéria própria do plano e o referido subplano se lhe denomina pelo mesmo plano atômico. Portanto, os sete subplanos atômicos dos sete planos do nosso sistema solar constituem-se separadamente dos outros seis subplanos de cada plano, o plano inferior ou prakrítico dos sete planos cósmicos. Assim, por exemplo, o éter interplanetário[19], que enche todo o espaço cósmico e nos transmite as vibrações lumínicas de estrelas muito distantes é constituído

---

19. Já foi exposto na primeira parte do livro que não se há de confundir o éter dos físicos com o éter akásiko, mas que este é constituído, segundo o autor, dos derradeiros átomos físicos.

pelos derradeiros átomos da matéria física, (Os fótons dos astrônomos), mas as modalidades mais densas e complexas do éter formam ao redor de cada planeta uma aura que se estende muito mais além da sua atmosfera meteorológica. O mesmo cabe dizer dos planos astral e mental. O plano astral do nosso planeta interpenetra o globo terrestre e sua atmosfera, mas se estende mais além da atmosfera, e daqui que os filósofos gregos deram ao plano astral a denominação de mundo sublunar. O plano mental interpenetra o astral e estende-se muito além.

Unicamente a livre matéria atômica dos planos físico, astral e mental é coextensiva com o éter interplanetário e, portanto, um indivíduo não pode passar de um a outro planeta em corpo astral ou em corpo mental, como não pode passar em corpo físico; pode, porém, em corpo causal altamente desenvolvido, ainda que não com tanta rapidez como em corpo búdico.

A clara compreensão desses fatos impedirá a confusão em que incorreram alguns estudantes entre o plano mental correspondente ao planeta terrestre e os outros globos da nossa cadeia, existentes no plano mental. Os sete globos de nossa cadeia planetária são realmente globos que ocupam posições definidas separadas no espaço apesar de alguns deles não estarem no plano físico. Os globos A, B, F e G estão separados de nosso planeta e um do outro, como Marte está separado da Terra, com a única diferença de que enquanto a Terra tem peculiares planos físico, astral e mental, os globos B e F estão no plano astral e os A e G no mental. O plano astral que estudamos na primeira parte desta obra e o plano mental que agora vamos estudar são os peculiares da Terra e nada tem a ver com os demais planetas.

O plano mental em que se manifesta a vida celeste é um dos cinco planos com os quais atualmente está relacionada à humanidade, pois os dois restantes até os sete estão, todavia, afastados do alcance humano. O plano mental tem por debaixo o astral e o físico e acima o búdico e o nirvânico.[20]

O homem permanece a maior parte do tempo no plano mental durante o transcurso da sua evolução, a menos que esteja sumamente atrasado. Em termo médio, a vida celeste dura vinte vezes mais do que a mais longeva vida física. A duração é muito menor nos indivíduos escassamente evoluídos, enquanto que, pelo contrário, nos muito evoluídos, a vida celeste é trinta vezes mais longa do que a vida física.

O plano mental é a peculiar e permanente morada do Ego, cujas descidas à encarnação são curtas, ainda que importantíssimos episódios de sua carreira. Portanto, não serão nem tempo nem esforço perdidos os empregados em adquirir o maior conhecimento possível da vida celeste enquanto estivermos aprisionados no corpo físico.

Desafortunadamente, tropeçamos com dificuldades quase insuperáveis na tentativa de expressar em linguagem usual o que se refere ao plano mental, pois ainda no plano físico resultam insuficientes as palavras, nossas ideias e sentimentos. Recordemos que já na primeira parte desta obra, ao tratar do plano astral, registramos a impossibilidade de transmitir um conceito adequado das maravilhas de dito plano aos que não transcenderam, por sua vez, o plano físico. Portanto, cabe dizer apenas que cada observação concernente ao plano astral se aplica com decuplicada intensidade as observações que faremos a respeito do plano mental. Não apenas a matéria que vamos descrever é muito mais sutil do que a astral, mas que a consciência é imensamente mais ampla do quanto cabe imaginar no mundo físico e suas condições são tão diferentes, que ao

---

20. Entenda-se que o astral e o físico têm matéria mais densa, e o búdico e o nirvânico mais sutil do que a matéria mental.

querer expressá-las na linguagem comum, o pesquisador vê-se completamente perdido e somente pode esperar que a intuição dos leitores possa suprir as inevitáveis deficiências da descrição.

Em um dos muitos exemplos de nossas dificuldades, parece como se no plano mental não existissem nem espaço, nem tempo, porque os sucessos que no mundo físico vão ocorrendo um atrás do outro em lugares separados, acontecem no mundo mental simultaneamente e em mesmo lugar.

Tal é, pelo menos, o efeito produzido na consciência do Ego, ainda que haja circunstâncias a favor da suposição de que a absoluta simultaneidade é peculiar de um plano, todavia, mais sutil e que no mundo celeste é tão rápida a sucessão que se assemelha simultânea, do modo como parece descrever uma circunferência luminosa o extremo candente de uma varinha que gira circularmente a mais de dez mil voltas por segundo.

Não existe na realidade a circunferência luminosa, mas que é uma ilusão ótica derivada de que a sensação visual no olho humano tem a duração de um décimo de segundo.

De todos os modos, facilmente compreenderá o leitor que ao descrever uma condição de existência tão por completo distinta da vida física como a que vamos considerar, não poderemos deixar de dizer muitas coisas em parte ininteligíveis e em parte inacreditáveis para os que não tenham experimentado individualmente a vida superior. Isto é inevitável, e assim, os leitores que se vejam incapazes de aceitar os informes de nossos pesquisadores terão de esperar para receber mais fidedigna informação acerca do mundo celeste, observando-o e examinando-o por si mesmos.

Somente me cabe repetir a segurança já dada ao tratar do plano astral, de que foi tomada toda classe de precauções razoáveis para alcançar a exatidão. Neste caso como naquele, podemos dizer que neste tratado não se admitiu fato novo nem velho que não fosse corroborado pelo testemunho de pelo menos dois Mestres expertos investigadores independentes e que os tenham admitido por verdadeiro os ocultistas veteranos cujo conhecimento nestes pontos é necessariamente muito maior do que o nosso. Cabe, pois, esperar que este relato, ainda que não possa ser considerado completo, se admita como fidedigno.

Capítulo II

Características Gerais do Plano Mental

Acaso o meio menos embaraçoso de abordar este dificílimo tema seja a descrição do que um discípulo vê à primeira vez que contempla o mundo celeste. Intencionalmente me refiro a um discípulo, pois a menos de estar em relação com um Mestre de Sabedoria não é possível enfocar plenamente a consciência no mundo celeste e retornar à terra com clara lembrança do que percebeu ali. Desde o plano mental não vêm complacentes "espíritos" a soltar vulgaridades pela boca dos médiuns profissionais, nem até o plano mental se alçam os clarividentes comuns, ainda que os mais puros e sinceros, quando desligados dos seus hipnotizadores caíram em profundo êxtase, transportaram-se ao mundo mental, mas apenas trouxeram ao mundo físico a débil recordação de intensa e indescritível felicidade, geralmente tonalizada por suas crenças pessoais religiosas.

Ao término da vida astral, quando o Ego se retrai em si mesmo e transporta sua consciência ao plano mental, já não são poderosos como para pô-lo em comunicação com o mundo físico nem os suspirantes pensamentos dos seus parentes nem as seduções dos círculos espíritas. É necessário que se consumem as forças espirituais que atualizou durante sua vida terrena e se ache em disposição de sentir nova vestimenta de carne. Mas, ainda que lhe fosse possível retornar à terra, seu relato não nos daria verdadeira ideia do plano mental, porque, como logo veremos, unicamente percebem glória e formosura do mundo celeste os que ali entram com plena consciência e atuam livremente.

Formosa Descrição

É a que um iminente ocultista inseriu em uma de suas primeiras cartas a fim de que se aprendesse de memória e é assim: *Disse nosso Senhor Buda: Milhares de miríades de mundos mais além deste há uma região de felicidade chamada Sukhâvati. Está contornada por sete filas de corrimãos amplos, sete filas de amplas cortinas e sete filas de ondulantes árvores. Essa sagrada mansão dos Arates é governada por Tathâgatas e possuída pelos Bodhisativas. Há nelas sete formosos lagos em meio dos quais fluem cristalinas águas com sete qualidades sintetizadas numa. Essa morada,o´! Sariputra é o Devakan. A Udunbara, sua divina flor, enraíza à sombra de cada terra e floresce para todos quantos a alcançam. Verdadeiramente felizes são os nascidos nessa bem-aventurada região, que cruzaram o áureo poente chegaram às sete montanhas de ouro. Já não há nesse ciclo nem tristeza nem dor para eles.*

Ainda que veladas pelas esplendorosas imagens de Oriente, podemos descobrir na passagem citada algumas das principais características que mais destacadamente aparecem nos relatos de nossos modernos pesquisadores. As "sete montanhas de ouro" são seguramente os sete subplanos do mundo mental, separados por impalpáveis, mas efetivas barreiras simbolizadas nas sete filas de peitoris, nas sete de amplas cortinas e nas sete de ondulantes árvores. As sete classes de água cristalina com suas distintas propriedades e qualidades representam as diferentes condições e faculdades da mente, sintetizadas na que assegura aos residentes no mundo mental a mais intensa felicidade que eles sejam capazes de gozar. A flor enraizada nas sombras de cada terra significa que cada mundo físico tem seu correspondente céu; e a felicidade que nenhuma língua pode expressar é o florescimento que brota para quantos vivem nas terras de modo que se capacitam para alcançá-lo, porque cruzaram o áureo poente estendido sobre o rio que separa o mundo mental do mundo do desejo, e terminou para eles a luta entre a natureza superior e a inferior, de modo que no ciclo da vida mental já não há tristeza nem dor, até que o Ego volte a encarnar, deixando atrás de si durante algum tempo o mundo celeste.

A Felicidade do Mundo Celeste

A intensiva felicidade é a primeira ideia capital em que devem basear-se nossos conceitos da vida celeste. Tratamos de um mundo em que por sua mesma constituição não são possíveis o mal e a tristeza, em que todos os seres são felizes, pois cada qual goza da maior felicidade espiritual que é capaz de gozar. É um mundo cujo poder de resposta às aspirações somente é limitado pela capacidade do aspirante.

Pela vez primeira começamos no mundo celeste a descobrir algo da verdadeira natureza da Fonte de Vida. Pela vez primeira temos um distante vislumbre do que deve ser o Logos e do que para nós significa. E quando a estupenda realidade do mundo celeste se desprende ante nossa atônita visão, não podemos sentir menos que com esse conhecimento da verdade a vida já não pode adiante parecer-nos como até então nos parecia. Admira-nos a irremediável insuficiência de todos os conceitos que os homens mundanos têm da felicidade, pois a maior parte deles está absurdamente invertida, é irrealizável; e os homens prosseguem de costas à meta que tenta alcançar, enquanto que no mundo celeste a verdade e a beleza transcendem os sonhos dos poetas, pois à luz de sua sobrepujante glória qualquer gozo parece sombrio, lânguido e enganoso.

Este radiante sentimento da consciência de todo mal e discórdia, e da insistente e preponderante presença do absoluto gozo é a primeira e a mais intensa impressão experimentada por aquele que entra no mundo celeste, e esse sentimento persiste enquanto permanece ali, seja qual for sua atividade, e ainda que ao conhecer as condições do novo mundo em que se acha, descubra maiores possibilidades de exaltação espiritual. Nunca se lhe desvanece o estranho e indescritível sentimento de inefável deleite que lhe infunde a existência de todos os seus habitantes.

Nada na terra é comparável ao destino celeste, e nada é capaz de imaginá-la. Se coubesse supor a vida infantil mil vezes mais espiritualizada do que a do homem, acaso teríamos uma débil ideia da felicidade no mundo mental. Entretanto, esta semelhança ainda está muito longe da inefável e estupenda vitalidade espiritual do mundo celeste.

Uma das manifestações dessa intensa vitalidade é a extremada rapidez vibratória da matéria mental. Sabemos teoricamente que no mundo físico, até a mais densa matéria sólida está em vibração. Mas, quando a visão astral nos mostra a positiva realidade dessa hipótese científica, percebemos a universalidade da vida qual antes não fora possível. Dilata-se nosso horizonte mental e começamos a ter vislumbres de possibilidades da natureza que ao homem comum pareceriam fantásticos sonhos.

Se esse é o efeito de adquirir a visão astral aplicada à matéria física, cabe supor o que experimentará o observador ao descobrir novo mundo, incomparavelmente, superior em vivacidade vibratória ao astral e cujas vibrações com respeito ao físico são como as da luz em respeito as do som.[21]

No mundo mental a onipresente vida palpita por qualquer lugar que seja incessantemente com enorme elevação de tonalidade.

---

21. No mundo físico, o som em ambiente aéreo propaga-se à velocidade de 340 metros por segundo; no meio líquido, a 1.500 metros e no sólido, a 4.000. A luz propaga-se à velocidade de 300.000 quilômetros por segundo.

Capítulo III

Habitantes do Plano Mental

Ao descrever os habitantes do plano mental será conveniente dividi-los nas três ordens análogas à divisão do mundo astral, ou seja, humanos, não humanos e artificiais, ainda que as subdivisões não sejam tão numerosas como a dos respectivos habitantes astrais, posto que as más paixões do homem, que dão volumoso contingente ao plano astral, não cabem no mental.

Habitantes humanos

Subdividem-se em duas classes: os que, todavia, têm corpo físico e os que já se desprenderam dele; quer dizer, os vivos e os mortos, com erroneamente lhes chamam. Pouca experiência basta para alterar fundamentalmente o conceito que possa ter o estudante das mudanças consequentes da morte física. Ao abrir sua consciência no plano astral e, mais ainda no mundo mental, compreende desde logo que a plenitude da verdadeira vida não se pode conhecer no mundo físico, e, quando deste mundo saímos e depois de passar pelo astral passamos ao celeste, entramos na verdadeira vida. A linguagem humana carece de palavras apropriadas para expressar esta condição, e talvez os adjetivos "encarnado" e "desencarnado" sejam os menos expostos à má inteligência.

Os encarnados

Os habitantes do mundo mental que ainda estejam em corpo físico são invariavelmente os Adeptos e seus discípulos já iniciados, pois até que o Mestre não ensine ao discípulo o modo de dispor do seu corpo mental, não poderá atuar conscientemente, nem sequer nos subplanos inferiores do mental. Para funcionar, conscientemente, durante a vida física nos subplanos superiores, é necessário maior adiantamento, porque requer a unificação do homem, de sorte que no mundo físico já não é uma personalidade sob influência da individualidade, mas sim que ainda em corpo de carne e ossos é a mesma individualidade que ainda que limitada pelo corpo físico entranha o poder e o conhecimento de um evoluído Ego.

Magnífico espetáculo oferecem os Adeptos e seus discípulos iniciados com a visão adestrada para vê-los. Esplêndidos globos de luz e cor que, por onde quer que flutuem, dissipam as más influências e atuam sobre quantos se lhes acerca, como o sol atua nas flores, e derramam no entorno sentimento de sossego e sorte, que também costumam experimentar os que não os veem. No mundo celeste levam a cabo Mestres e discípulos a maior parte de sua obra, sobretudo nos subplanos superiores onde as individualidades podem comunicar-se diretamente. Desde o plano causal derramam sobre o mundo do pensamento sua intensa influência espiritual e provocam magnos e beneficentes movimentos de toda índole.

No mundo celeste distribui-se muito da energia espiritual recebida do glorioso sacrifício voluntário dos Nirmânakâyas. Também são dados diretos ensinamentos aos discípulos suficientemente adiantados para recebê-los daquele modo, pois podem comunicar-se mais rápida e completamente do que no plano astral. Além de todas essas atividades, Mestres e discípulos realizam labor estreito com os que chamamos mortos, conforme veremos adiante.

No mundo mental não se encontram aquelas entidades intrometidas que causam tão penoso efeito no mundo astral. Em um mundo cujas características são o egoísmo e a espiritualidade não podem penetrar o mago negro e seus discípulos, pois o egoísmo é a essência de todos os procedimentos da magia negra, que aplica inteiramente aos fins pessoais o estudo das forças ocultas. Ainda que a maioria dos magos negros seja muito inteligente e a matéria do seu corpo mental seja, pois, sumamente ativa e sensitiva a respeito de certas percepções, sempre está relacionada com algum desejo pessoal, e logo pode achar expressão no mental inferior inextricavelmente mesclado com matéria astral, de onde se segue dessa limitação que a atividade dos magos negros e de seus discípulos se restringe aos planos físico e astral.

Um indivíduo de conduta viciosa e egoísta pode ter períodos de puro e abstrato pensamento durante os quais se vale do seu corpo mental, se aprendeu a utilizá-lo. Porém, enquanto intervém a personalidade com o esforço para produzir algum maligno resultado, já não é abstrato o pensamento, e o indivíduo atua uma vez em conexão com a acostumada matéria astral. Pode afirmar-se que o mago negro atua somente no plano mental quando esquece sua condição de mago negro; e então somente será visível para os que atuem conscientemente no plano mental e nunca para os que gozam do repouso celeste depois de sua vida astral, pois cada um deles está tão inteiramente recluído no mundo da sua própria mentalidade que nada do exterior o afeta e se acha completamente seguro. Aí se justifica a antiga descrição do céu, considerado como o lugar "onde os malvados deixam de molestar e os fatigados descansam".

Em sonhos ou em êxtases

Ao pensar nas entidades encarnadas que atuam no mundo mental, acode a pergunta de que se o homem comum, durante o sono ou o indivíduo muito psiquicamente desenvolvido durante o êxtase ou transporte, pode penetrar no mundo mental. Em ambos os casos é possível a entrada, mas sumamente rara, porque é absoluto requisito prévio a pureza de conduta e de propósito; e ainda que chegasse o extático ou transportado ao plano mental não atuaria com plena consciência, mas apenas com capacidade para receber determinadas impressões.

Como exemplo da possibilidade de entrar no plano mental durante o sonho, mencionaremos um incidente ocorrido em relação aos experimentos que a Rama Londres da Sociedade Teosófica realizou sobre o estado de consciência durante o sono. Alguns desses experimentos estão descritos no tratado: *Sonhos*. Quem tiver lido esse tratado recordará que ante a mente de várias classes de indivíduos adormecidos expôs-se a representação mental de uma bela paisagem dos trópicos, a fim de comprovar até que ponto se lembravam da visão uma vez despertos. Um caso não referido em tal tratado por não ter relação com os sonhos nos servirá de exemplo.

Era uma mulher de mente pura e considerável, ainda que inculta capacidade psíquica, a quem surpreendeu a visão do quadro mental da paisagem dos trópicos. Foi tão vivo o sentimento de reverente gozo, tão altos e espirituais os pensamentos suscitados pela contemplação do esplendente espetáculo, que a consciência da mulher adormecida se transportou ao plano mental. Não obstante, não se há de crer que fosse consciente das condições do plano, mas que se achava no mesmo estado em que, após a vida astral, achava-se o homem comum ao chegar ao oceano de luz e cor em que flutua inteiramente absorto em seus próprios pensamentos; quer dizer, que a mulher adormecida permanecia em contemplação extática da paisagem e de tudo quanto a paisagem lhe sugeria, com a aguda intuição, a perfeita apreciação e o intenso vigor de pensamento peculiar do plano mental em contínuo gozo de inefável felicidade.

Por várias horas esteve a mulher adormecida nessa condição, ainda que parecesse haver perdido a noção do tempo, até que ao fim despertou com um sentimento de profunda paz e gozo interior, ainda que não se lembrasse de nada do que tinha sonhado. Não resta dúvida de que semelhante experiência, recordada ou não no corpo físico, servirá de impulso estimulante na evolução espiritual do Ego.

Ainda que por falta de número suficiente de provas experimentais fosse temerário falar positivamente, parece seguro que um resultado como o descrito, só seria possível no caso de que a pessoa adormecida tivesse já um alto grau de desenvolvimento psíquico, e a mesma condição se requer para que um indivíduo hipnotizado em transporte mediúnico alcance o plano mental. Tanto é assim, que nem um por mil dos clarividentes comuns alcançam-no e ainda o que o alcança estará não apenas muito adiantado psiquicamente, mas ter perfeita pureza de conduta e propósito. À parte de todas essas extraordinárias características fica, todavia, a dificuldade que sempre se opõe ao psíquico inexperiente para transportar exatamente uma visão do plano superior ao inferior. Todas essas considerações corroboram com o que foi dito sobre a necessidade de que um prestigioso instrutor eduque as qualidades psíquicas do indivíduo antes de se dar crédito aos seus relatos.

Os desencarnados

Antes de se levar a condição em que as entidades desencarnadas acham-se nos diversos subplanos do plano mental ao pormenor, convém ter muito clara a ideia da distinção entre os quatro subplanos rúpicos e os três arrúpicos. Nos quatro subplanos rúpicos o homem vive inteiramente no mundo de seus próprios pensamentos, todavia, identificado com a personalidade que assumiu na vida passada na terra, enquanto que nos três subplanos arrúpicos o Ego que reencarna é consciente do que o rodeia e das condições do plano e conhece suas vidas passadas e o que lhe está destinado a fazer na próxima.

Convém recordar que após a vida astral subsequente à morte do corpo físico o homem passa sucessivamente pelos dois estados de consciência correspondentes aos quatro subplanos rúpicos ou mundo metal inferior e aos três subplanos arrúpicos ou mundo mental superior.

Não obstante, a maioria está tão pouco evoluída e sua consciência é tão tênue em ambos os mundos, que bem se pode dizer que neles vive sonolenta. Ainda que consciente ou inconsciente, adormecido ou desperto, todo ser humano chegará ao plano causal antes de reencarnar no mundo físico e, conforme avance em sua evolução, é mais real para ele seu contato com o plano causal. Não apenas é ali mais consciente à medida que progride, mas que sua permanência em tal mundo é cada vez mais longa, porque sua consciência eleva-se lenta, mas firmemente pelos diversos planos do sistema.

Por exemplo, o homem que começa a evoluir é consciente apenas no plano físico durante a vida terrena e nos subplanos inferiores do astral depois da morte do corpo físico. Quando o indivíduo está mais adiantado, passa curto período de vida celeste nos subplanos inferiores do mundo mental, ainda que, todavia, passe no astral a maior parte do intervalo entre duas encarnações. Conforme progride a vida astral, vai sendo mais curta e a celeste mais longa, até que quando chega a um alto grau de inteligência e espiritualidade, passa rapidamente pelo mundo astral e permanece longo tempo no subplano superior dos quatro rúpicos. Mas, então se enaltece consideravelmente sua consciência e passa no plano causal e no corpo causal a maior parte do intervalo entre duas encarnações.

O processo repete-se então no sentido de que é cada vez mais curta a vida astral e mais longa e plena a vida celeste, até que chegue a hora da unificação da consciência, e o homem não se fecha mais em si mesmo, em seus próprios pensamentos, exceto quando ao perceber a grandiosidade do mundo celeste previne-se das possibilidades da sua vida e por sua vez primeira começa verdadeiramente a viver. Mas, por então, deve ter entrado já no Caminho e assumido seu destino nas próprias mãos.

Capítulo IV

Condições da Vida Celeste

A realidade da vida celeste comparada com a terrena manifesta-se claramente ao considerar as condições requeridas por este alto estado de existência. As qualidades que o homem irá atualizar durante a vida física para ter direito à celeste são as que as figuras mais nobres e bondosas da humanidade registraram sempre como real e permanentemente desejáveis. Para que uma aspiração ou pensamento tenha existência no mundo celeste é indispensável que seu propósito, a partir de qualquer ponto, não seja egoísta.

O amor à família, a leal amizade e a devoção religiosa são qualidades que levam um homem à vida celeste, ainda que se tenha de distinguir entre as duas variedades egoístas e não egoístas destas qualidades, pois as de índole egoísta não abrem as portas do mundo celeste.

O verdadeiro amor derrama-se sobre o objeto amado sem esperança, nem demanda de recompensa, nem o amador pensa em si mesmo, exceto enquanto pode fazer em bem do amado. Este sentimento amoroso gera uma força espiritual que pode atuar somente no mundo celeste.

Mas, há outro amor em que o amador deseja correspondência e deseja ser amado, que passionalmente pensa sempre no que poderia dar e está propenso a degenerar em ciúmes à menor provocação ou ainda sem ela. As formas atualizadas por esta paixão amorosa nunca chegam mais além do mundo astral.

O mesmo cabe dizer da falsa devoção religiosa de grande número de pessoas cujo único pensamento é a salvação de sua alma, sem que lhes importe grande coisa à glória da sua divindade, o que denota que não tem nem o mais rudimentar conceito de alma.

A verdadeira devoção pensa somente em venerar o objeto de sua devoção e mostrar-lhe sua gratidão com ardente desejo de fazer alguma boa obra em seu nome. Esta devoção conduz a uma exaltada e longa vida celeste, seja qual for o seu objeto; e assim alcançam a vida superior os fiéis e não egoístas devotos de Buda, Krishna, Ormuzd, Alá e Cristo. A duração e intensidade desta vida superior no mundo celeste dependerá da intensidade e pureza do sentimento devocional, não do objeto da sua devoção, ainda que esta última circunstância afetasse, indubitavelmente, a possibilidade de receber mais amplos ensinamentos durante a vida celeste.

Embora, na maioria dos casos, o amor e a devoção humana não sejam inteiramente puros, não são por completo egoístas. O amor humano sempre pede correspondência, mas pode ter traços de abnegação, nobre, e, pura devoção pode estar algo acompanhada por um débil sentimento egoísta ou de ciúmes. Em ambos os casos discerne infalivelmente lei de eterna justiça, pois assim como a momentânea rajada de abnegação, no homem pouco evoluído lhe proporcionará algo de vida celeste. Contudo, sem a sombra de egoísmo que embace um puro sentimento terá sua força no mundo astral, ainda que não impeça por completo a vida celeste.

A primeira entrada

Vejamos como o homem chega pela primeira vez à vida celeste. Do exposto se infere que os Egos em suas primeiras etapas de evolução não chegam ao mundo mental, e grande número dos mais adiantados apenas tocam, por assim dizer, o subplano inferior do plano mental. Todo indivíduo irá retrair em seu verdadeiro ser no plano mental antes de reencarnar, mas daí não se segue que nessa condição haja de ser consciente e por isso mesmo dissemos que os Egos atrasados ou que começam sua evolução não chegam ao plano mental.

Trataremos mais detidamente deste ponto ao estudar os subplanos arrúpicos, pois parece melhor começar pelo subplano inferior rúpico e proceder lentamente para cima, de sorte que podemos prescindir no momento da parte de humanidade, cuja existência consciente depois da morte física se contrai ao mundo astral, e considerar o caso de uma entidade que pela primeira vez eleva sua consciência ao subplano inferior do mundo celeste.

Evidentemente, existem vários métodos para chegar a essa importante etapa do prematuro desenvolvimento do Ego, mas bastará ao nosso propósito citar o exemplo de uma entidade observada por nossos pesquisadores ao estudar essa questão. Era uma pobre costureira que vivia em um casebre dos bairros humildes de Londres, onde escasseavam a luz e o ar. Não era a costureira muito bem-educada, porque sua vida transcorrera em penoso labor sob condições adversas, mas era amável, bondosa e derramava uma carinhosa simpatia por quantos com ela tratassem. Sua casa era das mais pobres das que davam naquele pátio da redondeza, ainda que fosse mais limpa e asseada do que as outras. Não tinha dinheiro para socorrer seus vizinhos em circunstâncias difíceis, mas, em troca, extraía uns quantos minutos do seu labor para prestar cordialmente quantos serviços lhe fossem possíveis.

De fato, era uma providência para as rudes e ignorantes trabalhadoras da vizinhança que a viam igual a um anjo de auxílio e misericórdia, sempre presente em casos de atribulação ou de enfermidade. Amiúde, depois de trabalhar todo o dia sem apenas um momento de descanso, levantava-se à meia-noite para fazer um turno no cuidado de algum dos muitos enfermos que se achavam no ambiente insalubre dos bairros baixos de Londres. E em muitos casos a gratidão e o afeto que nos enfermos suscitavam a incansável bondade da costureira eram os únicos sentimentos nobres da sua grosseira e arrastada vida.

Tais como eram as condições de vida naquele pátio dos arredores não é estranho que alguns enfermos morressem e, então, se esqueciam do que a costureira havia feito por eles, pois não apenas lhes prestara auxílio em suas necessidades temporais, mas que impelira notavelmente sua evolução espiritual, pois eram Egos muito pouco desenvolvidos, entidades da classe defensiva que ainda não tinham atualizado em nenhuma de suas encarnações energia espiritual, única capaz de lhes dar existência consciente no plano mental. Mas, pela vez primeira tinham ante si um ideal para o que podiam aspirar, e a influência da abnegada costureira havia despertado neles um sentimento de amor não egoísta que acrescentou sua individualidade e capacitou-os para depois da vida astral adquirir sua primeira experiência no subplano inferior do mundo celeste.

Com certeza, foi muito curta experiência de não muito adiantada índole, mas de importância muitíssimo maior do que à primeira vista parece, pois enquanto se atualiza a energia espiritual do egoísmo, os resultados da sua atuação no mundo celeste estimulam-na à reiteração e ainda que não muito caudaloso esse primeiro influxo, estabelece no Ego o embrião de uma qualidade que seguramente se manifestará na próxima vida. Assim, a gentil benevolência de uma pobre costureira determinou que Egos menos adiantados alcançassem uma vida conscientemente espiritual que se irá enaltecendo encarnação após encarnação e reagirá cada vez mais nas futuras vidas terrenas.

Esse exemplo explica por que todas as religiões dão tanta importância à virtude caridade como relação direta entre benfeitor e beneficiado.

Capítulo V

Sétimo SubPlano:
O Ínfimo Céu

A ínfima subdivisão do mundo celeste a cujo nível levantou a humilde costureira os Egos postos a seu cuidado, tem por principais características os efeitos de parentesco e amizade, não egoístas, ainda que limitados. Mas, devemos prevenir-nos contra uma má inteligência nesse ponto. Ao dizer que os afetos de família elevam o homem até o sétimo subplano celeste e que a devoção religiosa o eleva até o 6º, parece como se quem possuísse ambas as qualidades, intensamente vigorosas, tivesse de dividir sua vida celeste entre os dois subplanos inferiores, passando primeiro no 7º subplano um período de boa sorte familiar e ascender depois ao 6º para ali consumir a energia espiritual engendrada pela devoção religiosa.

Não obstante, não é isso o que sucede, porque em tal caso como o suposto, o indivíduo despertaria conscientemente no sexto subplano, onde se encontraria relacionado com os que foram na terra objeto de tão amorosa devoção como foi capaz de sentir. Assim deve ser se razoavelmente o consideramos, porque quem é capaz de devoção religiosa e ao próprio tempo de afeto de família, tem essa virtude mais vigorosa do que o que apenas tem o seu ânimo orientado em uma só direção. A mesma regra rege em todo o processo ascensional. Um subplano inclui sempre, além de suas peculiares características as dos subplanos inferiores, de sorte que essas características sobem ponto nos habitantes de um subplano com respeito às mesmas características nos habitantes dos subplanos inferiores.

Ao dizer que o afeto de família é a característica do sétimo subplano, não se há de supor que o amor fique restrito a esse subplano, mas significa que o indivíduo que alcança tal subplano depois da vida astral tem por tônica fundamental do seu caráter o amor à família e o único que o capacita a entrar na vida celeste. Mas, nos subplanos superiores predomina um amor muito mais nobre e puro do que o que tem por assento o sétimo subplano.

Uma das primeiras entidades que os observadores notaram no sétimo subplano do plano mental ofereceu um destacado exemplo do tipo dos seus habitantes. Era um homem que havia sido, na vida terrena, comerciante de alimentos, pessoa de pouco ao alcance intelectual e de frágeis sentimentos religiosos, mas de impecável honra comercial. Certamente, havia frequentado igreja todos os domingos porque era costume e de bom tom fazê-lo, mas a religião havia sido para ele uma espécie de enigma incompreensível sem relação com os misteres da vida diária de que para a resolução de problemas nunca se dera conta. Portanto, carecia do sentimento de devoção que teria podido elevá-lo ao 6º subplano e em troca, sentia profundo e terno afeto por sua esposa e filhos, do tipo consideravelmente não egoísta. Sempre ocupavam seu pensamento e por eles, mais do que para si mesmo, trabalhava de manhã à noite em sua loja; ao término da vida astral, já desfeito do corpo de desejos, encontrou-se no subplano inferior do mundo mental rodeado de sua esposa e filhos.

Não era, então, o nosso homem nem mais inteligente, nem mais espiritual do que quando vivia no plano físico, porque o trânsito de um a outro mundo não entranhava progressos repentinos. O ambiente em que se achava com sua família não era muito refinado, pois representava somente seu ideal de abstenção de gozos materiais durante a vida terrena; mas era o comerciante tão intensamente feliz quanto era capaz de ser e como sempre pensou em sua família, mais do que em si mesmo, estava sem dúvida atualizando características não egoístas, determinantes de uma permanente qualidade que se manifestaria nas suas futuras vidas terrenas.

Outro caso típico foi de um homem que ao morrer havia deixado sua única filha, de menor idade, e no mundo celeste a tinha sempre ao seu lado e se ocupava em traçar os mais formosos projetos a respeito do futuro dela.

Outro caso, o da jovem absorta na contemplação das perfeições do seu pai, procurando para ele agradáveis surpresas e novos prazeres. Os pesquisadores também observaram uma mulher grega, que passava ditosamente o tempo com seus três filhos, um deles um galhardo jovenzinho a quem ela imaginava vencedor nos jogos olímpicos.

Surpreendente característica do sétimo subplano nas investigações realizadas foi a de encontrar ali grande número de romanos, cartagineses e ingleses de séculos passados, enquanto havia poucos hinduístas e budistas. A razão está em que os homens do primeiro grupo concentraram no sentimento amoroso não egoísta nos afetos de família, que os deteve no sétimo plano, enquanto que os hinduístas e budistas atualizaram com mais intensidade o sentimento de devoção, que os levou ao mais alto nível.

Houve com certeza, infinita variedade nos casos observados e os diferentes graus de avanço distinguem-se pela maior ou menor intensidade luminosa dos corpos mentais cujas cores indicavam as qualidades predominantes em cada entidade. Algumas eram amantes que tinham morrido na plenitude do seu afeto e tinham ocupado seu pensamento na pessoa amada com exclusão de qualquer outra. Havia alguns quase selvagens como, por exemplo, um malásio, de uma evolução muito embrionária, na etapa tecnicamente chamada de terceira classe inferior de pitris, que tinha uma ligeira experiência celeste resultante do amor professado na terra a uma filha.

Em todos esses casos, o toque do amor não egoísta os fez merecedores de elevar sua consciência até o subplano inferior do mundo celeste, apesar de que nas atividades de sua vida terrena nada mais havia capaz de manifestação em dito submundo.

Na maioria dos casos observados, as imagens das pessoas amadas distavam muito da fidelidade, de sorte que os Egos por elas representados apenas eram capazes de se manifestar por seu meio, ainda que sempre mais satisfatoriamente do que por meio do corpo físico. Na vida terrena vemos parcialmente nossos parentes e amigos e somente percebemos deles as qualidades que se dão bem com as nossas, de sorte que para nós é como se não existissem as demais facetas do seu caráter. Nossa convivência com eles e nosso conhecimento deles no mundo físico significam muito para nós e costumam ser o mais caro de nossa vida; mas tal convivência e conhecimento são sempre, na realidade, deficientes, porque ainda em caso raro que creiamos conhecer a fundo uma pessoa, somente é manifesto durante aquela vida terrena um aspecto do seu verdadeiro ser, o aspecto que percebemos e conhecemos, sem que possamos penetrar no fundo do Ego. Portanto, se por meio da direta e perfeita visão mental nos fosse possível ver pela primeira vez na totalidade nosso parente ou amigo ao encontrá-lo no mundo celeste, provavelmente não o reconheceríamos, pois não pareceria o mesmo a quem conhecemos e tratamos aqui na terra.

O intenso afeto que eleva o indivíduo até o subplano inferior do mundo celeste é uma força tão poderosa que alcança a pessoa amada e suscita nela uma resposta cuja intensidade vibratória depende do grau de evolução do Ego correspondente. Mas, seja qual seja o grau de intensidade há resposta.

Ainda que ao Ego, o verdadeiro ser do homem somente se pode conhecer plenamente em seu próprio plano, que é o causal, constituído pelos três subplanos superiores do plano mental, sempre se está mais próximo do dito conhecimento em qualquer dos subplanos celestes do que no mundo físico. Portanto, ali podemos conhecer muitíssimo melhor do que aqui nossos parentes e amigos. Ao considerar esse ponto, deve se ter em conta o grau de evolução dos dois egos relacionados. Se o que está no subplano inferior do mundo celeste tem suficiente espiritualidade e é muito intenso o seu amor, poderá forjar uma imagem da pessoa amada por meio da qual pode ela se manifestar em considerável grau se estiver adiantada o suficiente em sua evolução.

Vemos, pois, que há duas razões para que a manifestação seja incompleta. A imagem do amado forjada pelo amador residente no subplano inferior do mundo celeste pode ser tão vaga e ineficaz que não lhe sirva de meio de manifestação ao amado por muito evoluído que esteja. Por outra parte, ainda que a imagem seja perfeita, pode não ter o amado bastante avanço para se valer dela.

Mas, em todos os casos o intenso afeto do amador influi no Ego do amado, qualquer que seja seu grau de evolução se relacionará com sua imagem celeste, ainda que não seja capaz de se manifestar plenamente por ela, pois o grau de manifestação do Ego do amado por meio da imagem forjada pelo amador depende da qualidade da imagem e da potência de se manifestar do amado. Mas, por débil que seja a imagem alcançará sua influência no Ego do amado, muito mais facilmente do que ao seu corpo físico.

Se o amado vive, todavia, no plano terrestre, sua personalidade será inconsciente da celeste manifestação da individualidade, muito mais real do que a personalidade, que tudo quanto comumente podemos ver.

Um ponto interessante sobre o particular é que se um indivíduo pode relacionar-se com a vida celeste de vários parentes e amigos simultaneamente, poderá também manifestar-se a um mesmo tempo nas várias imagens que dele forjem aqueles. Esse ponto não oferece dificuldade para quem conheça a mútua relação de um plano com outro e tão fácil lhe será manifestar-se simultaneamente em ambas as imagens, como para nós é fácil perceber a um tempo a pressão de vários objetos em diferentes partes do corpo físico. A relação de um plano com outro é análoga a de uma dimensão com outra. Nenhum número de unidades da dimensão inferior pode igualar a uma unidade da dimensão imediata superior e da própria sorte, por muitas que sejam as imagens, não esgotarão o poder de manifestação do Ego.

Pelo contrário, a multiplicidade de manifestações depara-se ao Ego como nova oportunidade de progresso no plano mental, como direto resultado recompensador, conforme a lei da justiça divina, das ações determinadas pelo amor não egoísta. Disso se infere que conforme adiante, o homem aumenta as oportunidades que se lhe deparam de todos os sentidos. Seu avanço na conquista do amor e reverência dos demais e assim terá muitas imagens suas no mundo mental, ao passo que se acrescentará sua capacidade de recepção e manifestação.

Exemplo disso nos oferece um caso investigado por nossos pesquisadores. Era uma mãe que morreu há muitos e muitos anos, deixando na terra dois filhos que muito amava. Naturalmente, esses dois filhos, de 15 e 16 anos de idade, eram as primeiras figuras do seu céu e pensava neles e os imaginava do mesmo modo que os deixara ao morrer. O amor que a mãe derramava incessantemente sobre as imagens influía beneficamente nos dois filhos que foram crescendo até a virilidade no plano físico, mas o amor não afetava a ambos por igual e não porque a mãe preferisse um ao outro, mas, pela grande diferença na vitalidade das imagens o que a mãe não podia distinguir, pois lhe pareciam iguais. Contudo, aos olhos dos investigadores havia uma imagem mais vitalizada do que a outra, porque, conforme se averiguou, um dos filhos havia se dedicado ao comércio e ainda que não fosse um mau homem, distanciava-se muito de ser espiritual, enquanto que o outro havia chegado a ser homem de aspirações não egoístas e de refinada cultura, de sorte que havia enaltecido sua consciência em grau muito superior ao do irmão, portanto, seu Ego era muito mais capaz de vitalizar a imagem de sua adolescência forjada pela mãe. Havia mais alma na imagem e por isso mesmo resultava mais vitalizada.

Investigações ulteriores descobriram grande número de exemplos análogos e ficou demonstrado que quanto maior é a espiritualidade de um indivíduo, mais plenamente pode manifestar-se nas imagens que dele forjam seus pais e amigos no mundo celeste. Sua mais plena expressão capacita-o a obter mais benefício da força vivificante do amor que sobre ele flui por meio daquelas imagens mentais, que conforme progride o Ego mais fielmente retrata sua individualidade, até que quando chega ao nível de Mestre, delas se vale para instruir seus discípulos.

Unicamente por esse meio é possível comunicação entre os, todavia, aprisionados no corpo físico e os que estão no subplano inferior do mundo celeste. Como já dissemos, um Ego pode manifestar-se gloriosamente por meio da imagem que dele forjam no mundo celeste, os que o amaram na terra;

não obstante, ser inconsciente da manifestação, enquanto atua por meio do corpo físico, crendo-se incapaz de se comunicar com os residentes do mundo celeste. Mas, se o Ego chegou à etapa de unificação de consciência e pode usar a plenitude de suas faculdades por meio do corpo físico, será capaz de se comunicar frente a frente com seus parentes e amigos como quando estavam no mundo físico, pois a morte não afetou o amador, senão abriu seus olhos mentais à visão do mundo celeste que continuamente nos rodeia. Nesse caso, o amador aparecerá com a mesma forma que teve na terra, mas um tanto estranhamente glorificada, porque tanto o corpo astral quanto o corpo mental reproduzem a configuração do corpo físico dentro do ovoide cujo contorno é determinado pelo corpo causal, de modo que a configuração física tem o aspecto de uma neblina densa, rodeada de outra menos densa. Durante toda a vida passada nos quatro subplanos inferiores do mundo mental, o sentimento de personalidade mantém-se, pois, para a personalidade pertence, todavia, o corpo mental inferior, até que ao elevar o Ego sua consciência ao plano causal e atuar ali conscientemente, unificam-se e fundem-se a individualidade e a personalidade, de sorte que, pela primeira vez reconhece o homem sua verdadeira essência como real e permanente Ego durante suas encarnações.

Alguns perguntam se no plano mental se tem a noção do tempo, se há sucessão de dias e noites e de sono e vigília. O único que há no mundo celeste a respeito do particular é o lento despertar da mente para a inefável felicidade que o Ego desfruta e a também lenta queda no sono de uma ditosa inconsciência ao terminar a vida celeste, que em princípio se descreveu, comparando-a a uma espécie de prolongação ou série de todas as horas ditosas de uma pessoa na terra, mas com centuplicada felicidade. Sem dúvida que esta descrição é muito deficiente, como são todas as que tomam por termo de comparação as coisas do plano físico. Mas, ainda assim se aproxima mais da verdade do que da ideia de sucessão de dias e noites. Certamente, há infinita variedade de modalidades de sorte no mundo celeste, mas não entram em seu plano o sono alternado com a vigília.

Quando o Ego desfaz definitivamente o corpo astral e fica com o corpo mental inferior como envoltura externa, sobrevém um período de inconsciência rasa cuja duração varia entre muitos extremos, analogamente ao que ocorre ao morrer o corpo físico. O despertar da consciência mental se parece com o despertar da manhã do profundo sono da noite. Da própria sorte que ao despertar pela manhã passamos por um período de preguiça deleitosa durante o qual nem está a mente ativa, nem dirigido o corpo. Assim também, ao despertar o Ego no mundo mental passa por um período mais ou menos longo de intensa e gradualmente crescente sorte até alcançar a plena atividade.

A primeira vez que o Ego experimenta esse admirável sentimento de gozo preenche todo o corpo de sua consciência, e pouco a pouco se vê rodeado de um mundo de imagens forjadas por sua mente com as características peculiares do subplano a que o levou ao estado de sua consciência.

Capítulo VI

O Sexto Subplano:
Segundo Céu

A característica dominante nesse subplano é o sentimento de devoção antropomórfica, isto é, dirigida a uma divindade imaginada em forma humana. A distinção entre esse sentimento e o que se manifesta no segundo subplano do mundo astral consiste em que esse provém do desejo de obter algum benefício material em troca do ato devoto, enquanto que aquele é puramente não egoísta sem se preocupar com o resultado que a respeito de si mesmo obtenha o indivíduo de sua devoção, de modo que no segundo subplano do mundo astral o sentimento religioso contém invariavelmente um elemento de resgate egoísta, enquanto que está livre dessa mancha a devoção que eleva o indivíduo até o sexto subplano do mundo mental.

Por outra parte, essa modalidade de devoção que essencialmente consiste na adoração perpétua de um Deus pessoal que será distinguido, cuidadosamente, daquelas outras modalidades superiores de devoção manifestada em alguma obra, definitivamente, praticada em honra da divindade. Alguns exemplos dos casos observados nesse subplano mostrarão a dita distinção mais claramente do que as palavras descritivas.

Grande número de entidades, cuja atividade mental opera nesse subplano, procede das religiões orientais e tem por característica devoção pura, ainda que relativamente fosse rotina por falta de razoável e inteligente compreensão. Neste subplano se encontram os adoradores de Vishnu em seus avatares, especialmente no de Krishna e alguns adoradores de Shiva, cada qual envolto no casulo de seus próprios pensamentos, a sós com seu deus e esquecidos da humanidade, exceto daqueles seres a quem amaram na terra. A um vaishnavita se viu inteiramente absorto na extática adoração da imagem de Vishnu a quem havia tributado suas oferendas durante a vida terrena.

As mulheres dão os mais característicos exemplos das condições do sexto subplano mental, e mulheres foram na terra a maioria dos seus habitantes. Entre outras havia uma hinduísta que havia divinizado seu marido e imaginava seus filhos brincando com a criança Krishna. Mas, enquanto os filhos eram para ela imagens de pessoas humanas, a imagem da criança Krishina era a vivificação da que havia pintado numa madeira durante a vida. Também aquela mulher imaginava Krishna em forma de um jovem afeminado, tocando uma flauta, sem que a conturbasse, ao mínimo, aquela dupla representação.

Outra mulher, adoradora de Shiva, havia confundido deus com seu marido, a quem olhava como uma manifestação daquele, de modo que cada imagem estava constantemente mudando-se na outra.

Também há alguns budistas neste sexto subplano, mas são os que de escassa aparência religiosa consideram Buda melhor como um deus adorável do que como um iminente instrutor.

A religião cristã também contribui notavelmente a povoar o sexto subplano. A supersticiosa devoção exemplificada pelo ignorante camponês católico de uma parte e de outra pelo ardente e sincero soldado do Exército de Salvação, parece que dê resultados muito semelhantes aos descritos, pois se as encontram entregues à contemplação de Cristo e de sua Mãe

Maria. Por exemplo, viu-se um camponês irlandês enlevado em profunda adoração à Virgem Maria, a quem imaginava com a Lua a seus pés, como representa Ticiano no quadro da Assunção e que lhe estendia as mãos e lhe falava.

Um monge medieval foi visto em extática contemplação de Cristo crucificado e a intensidade do seu amor anelante e compaixão era tal, que ao olhar o sangue das feridas da figura de Cristo reproduziam-se os estigmas no corpo mental.

Outro homem parecia ter esquecido a triste história da crucificação e pensava somente em Cristo glorificado em seu trono, com o mar de vidro diante dele. E sobre o mar em inumerável multidão estavam o adorador com a sua mulher e filhos, aos quais amava profundamente, mas naquele momento seus pensamentos dirigiam-se à adoração de Cristo, ainda que tivesse dele um conceito tão material, que se lhe representava mudando como num caleidoscópio entre a da figura humana e a do cordeiro com a bandeirinha que se costuma ver nas vidraças das igrejas.

Caso interessantíssimo foi o de uma espanhola que havia morrido aos vinte anos de idade. Retornou ao mundo celeste na época em que Cristo estava na terra e configurava-se estar em companhia dele por todos os lugares que se registram nos evangelhos e que depois da crucificação tomou a seu cuidado a Virgem Maria. Mas, as imagens das paisagens e dos costumes da Palestina eram anacrônicas, porque o Salvador e seus discípulos iam vestidos com trajes de camponeses espanhóis e as colinas circundantes de Jerusalém eram altas montanhas plantadas com videiras, e as oliveiras estavam cobertas de musgo. A mulher cria-se martirizada por sua fé e que subia ao céu para gozar daquela sorte sem fim.

Terminaremos a enumeração de exemplos da vida celeste no sexto subplano, relatando o caso de uma criança que morreu aos sete anos e ocupava-se em atualizar no mundo celeste as lendas religiosas que lhe havia ensinado sua ama irlandesa. Ante tudo, imaginava-se brincando com o menino Jesus, ajudando-o a fabricar os pardais de barro que, conforme a lenda, era-lhes dada a vida, e começavam a voar pelo poder de Cristo criança.

Ver-se-á que a cega e inculta devoção a que acabamos de referir não eleva os devotos à grande altura espiritual, mas recordemos que em todos os casos são completamente felizes e estão satisfeitos com tudo, pois recebem quanto são capazes de receber.

Todavia, seu estado de consciência favorece o seu porvir, porque essa classe de devoção, por intensa que seja, não reforçará nunca o entendimento, mas suscita mais aptidão para uma modalidade de devoção superior, e em muitos casos chega a purificar a conduta.

Portanto, quem passa a vida celeste no sexto subplano, ainda que não seja capaz de fazer rápido progresso no caminho do aperfeiçoamento espiritual, livra-se de muitos perigos, pois não é provável que em sua imediata encarnação cometa culpas grosseiras ou caia, desprendido de suas devotas aspirações, em conduta mundana de avareza, ambição e libertinagem. De qualquer modo, o exame deste subplano sobressai à necessidade de seguir o conselho de São Pedro: *Acrescentai a vossa fé virtude e à virtude conhecimento.*

Posto que tão estranhos resultados derivem das grosseiras modalidades de fé, é muito interessante observar os efeitos do cru materialismo que tão comum era na Europa há um século. A senhora Blavatsky expôs em a *Chave da Teosofia* que, em alguns casos, o indivíduo materialista não goza de vida celeste, porque durante a vida terrena não acreditou que a houvesse. Não obstante, parece que a senhora Blavatsky empregou a palavra "materialista" em sentido mais restrito do que se lhe costuma atribuir, porque na mesma obra afirma que para o materialista não há vida possível depois da morte, enquanto que os ocupados em percorrer pelas noites o mundo astral encontram materialistas de todo conscientes. Por exemplo, um eminente materialista intimamente conhecido de um dos nossos pesquisadores estava tempo atrás no segundo subplano do astral, rodeado de seus livros e prosseguindo seus estudos como pudesse tê-lo feito na terra. Ao lhe interrogar seu amigo o pesquisador, respondeu que, de fato, as teorias que havia defendido durante sua vida terrena eram refutadas pela irresistível lógica dos fatos, mas suas tendências agnósticas eram ainda bastante firmes para não crer no que seu amigo lhe dizia acerca da existência de um, todavia, superior plano mental. Entretanto, certamente que havia muito no caráter desse indivíduo que podia achar plena expressão somente no mundo mental, e posto que sua incredulidade a respeito de outra vida depois da morte não havia impedido suas experiências astrais. Parece que não há razão para supor que impeça depois da morte astral a manifestação de suas valiosas qualidades no mundo mental.

Certamente, muito perdeu por sua incredulidade e sem dúvida, se fosse capaz de compreender a beleza do ideal religioso, tivesse atualizado nele potente energia devocional, cujos efeitos ele colheria naquele tempo. Perdeu tudo isso. Mas, seu profundo e não egoísta afeto pela família, seus ardentes e infatigáveis esforços filantrópicos eram também fluxos de energia que deviam produzir seus resultados e podiam somente produzi-los no mundo mental. A ausência de uma modalidade de força não pode impedir a ação das demais.

Outro caso mais recente observado foi o de um materialista que ao despertar no mundo astral depois da morte acreditou que ainda estava vivo na terra, mas sob a influência de um pesadelo. Afortunadamente, para ele havia no grupo de investigadores capazes de atuar no mundo astral o filho de um antigo amigo do materialista, enviado de propósito para prestar-lhe auxílio. Sem dúvida que no princípio acreditou que o filho do amigo fosse uma ilusão forjada em sonhos, mas, ao receber uma mensagem do amigo referindo ao que havia ocorrido antes do nascimento do jovem mensageiro, convenceu-se da realidade do mundo em que se achava e mostrou vivíssimo anelo de adquirir quantas informações pudesse acerca de sua situação. As instruções recebidas certamente produziram nele efeito positivo, modificando no sentido favorável não apenas sua próxima vida mental, mas também a futura existência terrena.

Não é de surpreender o que nos mostram esses dois e muitos outros exemplos, porque é tudo quanto nos cabe esperar de nossa experiência no mundo físico, onde constantemente observamos que a natureza prescinde de se conhecemos ou não suas leis. Se crente de que o fogo não queima, põe um homem a mão numa chama se convencerá experimentalmente do seu erro. De própria sorte, a incredulidade do indivíduo a respeito da vida futura não altera os fatos naturais, e ao morrer reconhece seu erro.

Portanto, a classe de materialismo a que alude à senhora Blavatsky na mencionada obra é seguramente muito mais grosseiro e agressivo do que o comum agnosticismo, algo que incapacitaria a quem o tivesse para atualizar as qualidades que somente podem se manifestar ativamente no plano mental.

Capítulo VII

Quinto Subplano:
O Terceiro Céu

A principal característica deste subplano é a devoção manifestada em obras positivas. Por exemplo, o cristão nesse subplano, ao invés de se recolher à extática adoração do seu Salvador, considera-se a si mesmo como se fosse pelo mundo a trabalhar em seu favor, difundir seus ensinamentos. É o quinto subplano o da realização dos anelos, aspirações e projetos não realizados na terra, acerca de associações inspiradas pela devoção religiosa que geralmente tem por objeto um propósito filantrópico. Convém advertir que conforme vamos ascendendo no mundo mental, há mais complexidade e variedade, de sorte que, se bem que caiba registrar a característica dominante no subplano, observam-se muitas variedades e exceções que diferem da característica fundamental.

Um caso típico, ainda que algo superior ao meio-termo se refira ao indivíduo que estava traçando um grandioso plano para melhorar as condições de vida das classes inferiores da sociedade. Ainda que homem profundamente religioso compreendesse que o primeiro passo necessário ao tratar com o pobre era o melhoramento da sua condição material, e o plano que na ocasião projetava em sua vida celeste com feliz êxito e excelente atenção a todos os pormenores já havia passado em sua mente durante a última vida terrena, onde não pode nem sequer tentar realizá-lo.

Consistia o plano em que se contasse com enormes riquezas, adquiriria um negócio em que só se ocupavam três ou quatro casas e economizaria, assim, os gastos de propaganda e publicidade a que obriga a competência comercial e industrial, com o que poderia vender os produtos sem alteração de preços e aumentar o salário dos trabalhadores. Também fazia parte do seu plano certa aquisição de terrenos para edificar casas baratas com seu correspondente jardim para localização das operações que, ao cabo e determinados anos de serviço, teriam direito de participar dos benefícios do negócio e ter assim um seguro subsídio em sua velhice.

Mediante a realização desse plano esperava o filantropo demonstrar ao mundo que o cristianismo tinha um aspecto eminentemente prático e também esperava converter os operários incrédulos ou céticos, movidos pelo agradecimento ao benefício recebido.

Outro caso análogo foi o de um príncipe hindu que havia sido o rei Râma em cujo templo procurou modelar sua conduta e seus métodos de governo. Certamente, que durante seu reinado ocorreram acidentes adversos e fracassou a maior parte de seus planos. Contudo, na vida celeste, todos tiveram êxito e os mais possíveis resultados seguiram a seus bem-intencionados esforços, ao passo que Râma auxiliava-os e recebia a adoração de todos os devotos vassalos do príncipe.

Um curioso e comovedor exemplo de obra pessoal religiosa foi o de uma mulher que havia sido monja de uma ordem ativa e não da clausura. Evidentemente, havia moldado sua conduta ao texto evangélico que diz: *Enquanto o fizeres ao menor desses meus irmãos, a mim o fizestes.*

E no quinto subplano seguia praticando em toda sua plenitude as exortações do seu Senhor, continuamente ocupada em cuidar do enfermo, dar de comer ao faminto e vestir o despido, com a particularidade de que os carentes assumiam o aspecto do Cristo, a quem ela adorava com fervente devoção.

Outro caso instrutivo foi o de duas irmãs que na vida terrena haviam sido intensamente religiosas; uma delas esteve durante toda sua vida inválida, e a outra se dedicou a cuidá-la. Ambas haviam tratado muitas vezes da obra religiosa e caritativa que tivessem podido fazer, se fossem capazes, e no quinto subplano, cada uma delas era a figura principal no céu da outra, pois a impedida estava boa e sã e a ambas se configuravam estar levando a cabo a grande obra que idealizaram na terra. Este foi um belo exemplo da tranquila continuidade da vida no caso de pessoas com propósitos não egoístas, pois a única diferença que ocasionou a morte física foi eliminação da invalidez e a facilidade da obra que até então havia sido impossível.

Também encontra expressão no quinto subplano a sincera e devota atividade missionária. Claro que o fanático e ignorante não chega a esse nível, mas alguns casos excepcionais, como o de Livingstone, acham-se no quinto subplano ocupados na tarefa de converter à sua religião uma multidão de pessoas. Um dos mais interessantes casos desse tipo foi o de um maometano que se imaginava estar trabalhando zelosamente pela conversão do mundo, cujos governos aceitavam os princípios fundamentais do Islã.

Parece que em certas ocasiões, também acha a aptidão artística sua manifestação nesse subplano. Não obstante, convém que se assinale uma distinção. O artista cujo único anelo é a fama pessoal ou que habitualmente cede a sentimentos de inveja profissional, não atualiza energias capazes de levá-lo ao mundo mental. Pelo contrário, os eminentes artistas que consideram sua arte como uma potente força que se lhes foi confiada para o aperfeiçoamento espiritual dos seus semelhantes, se manifestarão em subplanos superiores ao quinto do plano mental. Mas entre ambos extremos, há artistas que cultivam a arte pela arte ou a consideram como uma oferenda à divindade sem pensar no efeito que sua obra possa causar nas pessoas, e alguns desses artistas podem achar seu céu no quinto subplano.

Exemplo disso nos oferece o caso de um músico de temperamento muito religioso, que considerava toda sua obra de amor como uma oferenda a Cristo e nada sabia do grandioso concerto de sons e cores que suas inspiradas composições produziam na matéria do mundo mental. Mas seu entusiasmo não era estéril, porque sem se preocupar com isso infundia o gozo e prestava auxílio a muitas almas, do que derivava o incremento de sua devoção e de sua aptidão musical no próximo nascimento, mas sim a intensa aspiração em benefício da humanidade, aquela classe de vida celeste poderia repetir-se quase indefinidamente.

De fato, ao reconsiderarmos os três subplanos de que temos tratado, veremos que em todos os casos se nota a devoção a uma personalidade, seja um parente, um amigo ou um deus, mas que seja um sentimento de amor à humanidade, que encontra expressão no quarto subplano.

Capítulo VIII

Quarto Subplano:
O Quarto Céu

É o subplano superior do mundo mental, em que os pensamentos assumem forma, e tão variadas são as atividades que são difíceis agrupá-las em uma só característica pelo que será melhor ordená-las em quatro classes principais:

1ª não egoístas, anelo de conhecimento espiritual;
2ª ciência e filosofia de alto voo mental;
3ª aptidão literária ou artística exercida sem propósitos não egoístas;
4ª serviço prestado por amor de servir.

A povoação desse subplano provém em sua maior parte daquelas religiões que reconhecem a necessidade de obter conhecimento espiritual. Recordemos que no sexto subplano encontramos muitos budistas cujo sentimento religioso se manifestava em forma de devoção à personalidade do fundador do budismo. No quarto subplano, pelo contrário, encontramos os mais inteligentes budistas cuja suprema aspiração era prostrar-se aos pés de Buda para aprender e o consideravam como um instrutor mais do que uma adorável divindade. Na vida celeste satisfazem plenamente seu nobilíssimo anelo, pois se imaginam recebendo lições de Buda e a imagem que dele forjam não é uma forma vácua, mas que dela dimanam a maravilhosa sabedoria, poder e amor do mais insigne instrutor do mundo. Em consequência adquirem novos conhecimentos e se amplia seu horizonte mental, de sorte que seus efeitos hão de ter destacadíssimo caráter na próxima vida terrena. Talvez então, não se lembrem dos fatos individuais que tenham aprendido, mas intuitivamente reconhecerão sua verdade quando acudam à sua mente, e o resultado dos ensinamentos recebidos será infundir no Ego vivíssima propensão ao amplo estudo filosófico dos mesmos temas.

Sem dúvida veremos quão definida e seguramente captura essa vida celeste a evolução do Ego, e uma vez mais nos precavemos da enorme vantagem dos que aceitam o guia de genuínos e potentes instrutores. Um tipo não tão completo de instrução encontra-se nos casos em que algum tratadista verdadeiramente insigne e espiritual é para o estudante uma personalidade vivente a assumir o aspecto de um amigo que faz parte da vida mental do estudante e é uma figura ideal em suas meditações. Tal instrutor pode intervir na vida celeste do discípulo e por sua própria virtude vivificar a imagem mental de que ele forjou o discípulo e em tão favoráveis circunstâncias esclarecer o sentido esotérico dos ensinamentos expostos em seus livros.

A maioria dos hinduístas que segue o caminho de sabedoria acha seu céu no quarto subplano, contanto que seus instrutores estivessem em posse do verdadeiro conhecimento. Também estão nesse subplano alguns dos mais adiantados sufis e parses e ainda residem alguns antigos gnósticos cujo desenvolvimento espiritual deu-lhes direito a uma dilatada vida celeste no quarto subplano. Mas, se excetuamos esse exíguo número de sufis e gnósticos, nem o islamismo, nem o cristianismo realçam os seus fiéis até o quarto subplano, ainda que alguns dos que nominalmente pertençam a qualquer de ambas as religiões possam alcançá-lo se possuírem qualidades independentemente dos ensinamentos peculiares de sua religião.

Também encontramos no quarto subplano ardentes e devotos estudantes de ocultismo não bastante adiantados, todavia, para obter o direito de renunciar à sua vida celeste em benefício do mundo. Entre eles havia um monge budista, conhecido dos nossos pesquisadores e que havia sido um entusiasta estudante de Teosofia, havia tempo que aguardava receber ensinamento direto dos Mestres. Em sua vida celeste, era Buda a figura predominante e aparecia como lugar-tenentes os dois Mestres mais diretamente relacionados com a Sociedade Teosófica que lhe davam aulas e esclareciam seus ensinamentos. As três imagens estavam cheias de poder e sabedoria das entidades eminentes que representavam. Portanto, o monge recebia verdadeiros ensinamentos sobre ocultismo, cujo resultado seria que seguramente entrasse no Caminho da Iniciação na próxima vida terrena.

Outro exemplo denota os terríveis efeitos das infundadas e animadas suspeitas, ou seja, de pensar mal do próximo sem fundamento. É o caso de uma devota e abnegada estudante que até o fim de sua vida caiu desgraçadamente numa atitude de injusta desconfiança a respeito dos motivos de sua antiga amiga e mestra, a senhora Blavatsky. Esse sentimento de suspeita teve o triste efeito de desprezar consideravelmente a influência vivificadora e os ensinamentos que teria podido receber durante sua vida celeste. Isto não quer dizer que se realizasse a influência e se lhe negassem os ensinamentos, mas que sua atitude mental hostil a incapacitava para recebê-las. Sem dúvida que a estudante não se prevenisse disso e lhe parecia que estava em plena e perfeitíssima comunhão com os Mestres. Porém, os investigadores tinham a segurança de que a não ser pela desafortunada limitação que se lhe havia imposto, houvesse logrado muito maiores frutos da sua permanência no quarto subplano, pois junto a ela fluía um quase infinito caudal de amor, fortaleza e conhecimento, que sua ingratidão a impedia de aproveitar.

Compreende-se que existem outros Mestres, além dos relacionados com a Sociedade Teosófica e outras escolas de ocultismo que atuam na mesma direção que atuam aquelas a que nós pertencemos, que também se encontram frequentemente no quarto subplano estudantes de todas elas.

Quanto à filosofia e à ciência de alto valor mental, achamos neste subplano muitos dos nobres e não egoístas pensadores que só anelam intuição e conhecimento para transmiti-los a seus próximos. Mas, não incluímos no número de estudantes de filosofia aos que tanto no Oriente quanto no Ocidente desperdiçam o tempo em argúcias e quinquilharias, porque essa classe de discussões tem sua raiz no egoísmo e no envaidecimento e nunca poderão conduzir a mente à verdadeira compreensão e aos fenômenos do universo, pois os resultados de tão insensata superficialidade não podem se manifestar no mundo mental.

Exemplo de genuíno estudante oferece-nos um dos últimos neoplatônicos cujo nome está conservado nos perpétuos anais daquele período. Durante toda sua vida terrena esforçou-se em dominar os ensinamentos da escola neoplatônica, e na vida celeste ocupava-se em perscrutar seus mistérios e compreender sua importância no desenvolvimento da vida humana.

Outro caso é a de um astrônomo que pouco a pouco foi se desviando das suas crenças ortodoxas até cair no panteísmo. Contudo, em sua vida celeste prosseguiu os estudos astronômicos com reverente atitude mental e recebeu verdadeiro conhecimento ensinado pelos devas por cujo meio parece manifestar-se no quarto subplano o majestoso movimento cíclico das potentes influências estelares em cambiantes resplendores de onipenetrante e vívida luz. Estava o astrônomo absorto na contemplação de um vasto panorama de volteantes nebulosas com a formação gradual de sistemas planetários e parecia como se captasse alguma tênue ideia da configuração do universo, ao que se imaginava como um enorme animal. Seus pensamentos rodeavam-no em forma de estrelas e comprazia-se em ouvir o majestoso ritmo da sinfônica música coral das estrelas.

O terceiro tipo de atividade no quarto subplano é o nobilíssimo esforço artístico e literário, inspirado antes de tudo pelo desejo de realçar espiritualmente a humanidade. No quarto subplano estão Mozart, Beethoven, Bach, Wagner e outros músicos inundando o ditoso lugar com harmonias muito mais gloriosas do que as mais esplêndidas de que foram capazes de produzir durante sua vida terrena. Parece como se copiosa corrente de divina música fluísse sobre eles desde as altas regiões, e eles as especializaram e fizeram própria para difundi-la por todo o subplano com potente fluxo de melodias que acrescentam à felicidade ambiente. As entidades que atuam com plena consciência nesse subplano ouvem e apreciam em todo o seu valor tão acordes ressonâncias que também influem nas entidades recluídas em sua própria atmosfera mental.

O pintor e o escultor que cultivaram sua arte com altos e não egoístas propósitos estão no quarto subplano constantemente traçando e projetando toda linhagem de lindas formas forjadas por sua mente para deleite e estímulo de seus próximos, pois não só agradam intensamente aos que atuam em plena consciência no subplano, mas que em muitos casos podem captá-las as mentes de artistas viventes na terra e reproduzi-las para enaltecer a consciência das pessoas empenhadas nas lutas da vida física. Formosa e comovedora figura desse subplano era a de um menino de coro que havia morrido aos catorze anos.

Seu ânimo estava por assim dizer empapado em música e em juvenil devoção à sua arte, intensamente colorida pelo pensamento de que era a expressão dos anelos religiosos da multidão congregada em uma espaçosa catedral e, todavia, ao próprio tempo derramava sobre eles celestial alento e inspiração. Poucos conhecimentos ele havia adquirido durante sua curta vida, mas havia usado o canto aprendido, proveitosamente, em servir de voz intermediária entre a terra e o céu e o céu e a terra, com o perpétuo anelo por saber mais música e empregá-la dignamente em benefício da igreja. Assim, na vida celeste frutificavam seus desejos e via-se acompanhado da fantástica figura de uma Santa Cecília medieval que se havia forjado, tomando por modelo a que aparecia num dos vitrais coloridos da igreja onde havia sido corista. Mas, ainda que a angulosa figura fosse uma representação grosseira de uma lenda eclesiástica, era vitalizada fulgidamente representada por um dos potentes arcanjos da celeste hierarquia de cantores, que por meio da imagem ensinou ao menino corista cantos jamais ouvidos na terra.

Os pesquisadores também observavam no quarto subplano um dos fracassos terrenos, porque a tragédia da vida física costuma deixar, às vezes, estranhos sinais nos lugares celestes. Era um homem que na terra havia se esforçado em escrever uma obra mestra e não quis usar suas aptidões literárias em menestréis subalternos para ganhar a vida. Mas, ninguém fez caso da sua obra e andou errante pelas ruas até que morreu na miséria. Toda sua vida esteve só. Em sua juventude sem amigos, desligado dos laços de família e sem virilidade, capaz unicamente de trabalhar em seu próprio proveito, rechaçando as mãos que o conduziram a uma visão das possibilidades da vida muito mais ampla do que o paraíso terrestre que anelava para todos. Em sua vida celeste pensava e escrevia em completa solidão, pois a ninguém havia amado como pessoal ou ideal protetor que pudesse intervir em sua vida mental. Viu estender-se ante ele a Utopia que sonhara e pela qual havia querido viver, com as multidões a que anelou servir e nele recaiu o júbilo da multidão e fez da sua solidão um céu. Quando renascer na terra, seguramente, será capaz de realizar tão bem como projetar e sua visão celestial se plasmará parcialmente em mais ditosas vidas terrenas.

Encontram-se no quarto subplano muitos que durante sua permanência na terra se dedicaram a auxiliar o próximo, porque sentiam os laços de fraternidade e prestavam serviço por amor sem propósito de agradar determinada divindade. Eles estão ocupados em desenvolver com pleno conhecimento e tranquila sabedoria vastos planos de beneficência, grandiosos projetos de melhoramento no mundo, e no tempo próprio amadurecem as faculdades com as quais nasceram na vida física.

Capítulo IX

A Realidade da Vida Celeste

Os críticos que conhecem apenas medianamente os ensinamentos teosóficos sobre o homem, arguem dizendo que a vida do indivíduo vulgar nos subplanos inferiores do mental é um sonho ou uma ilusão, pois quando se imagina ditoso entre seus pais e amigos e concretiza seus planos com plenitude de êxito torna-se vítima de uma cruel alucinação, oposta à objetiva positividade do céu prometido pelas religiões confessionais.

Duplamente pode-se redarguir à semelhante objeção. Em primeiro lugar, quando estudamos os problemas escatológicos não nos concerne qual das duas hipóteses estabelecidas seria a mais deleitosa, porque isso, ao fim e ao cabo, é matéria de opinião, senão que principalmente nos interessa qual das hipóteses é a verdadeira. Em segundo lugar, quanto mais investigamos os fatos referentes ao particular, mais vemos que os mantenedores da teoria ilusória consideram o assunto desde um ponto de vista um tanto distorcido, nao compreendem bem os fatos.

Quanto ao primeiro ponto, a verdade do caso é de fácil percepção por aqueles que atualizaram a faculdade de transportar-se conscientemente ao mundo mental durante a vida terrena. E quando assim pesquisamos, nossas pesquisas concordam perfeitamente com os informes que os Mestres de Sabedoria nos deram por meio de nossa instrutora, a senhora Blavatsky. Esses informes negam a hipótese da positiva objetividade e deixam sobre os ombros dos ortodoxos a carga de demonstrá-la.

Quanto ao segundo ponto, ao se afirmar que o homem ainda não chega a conhecer a verdade absoluta no mundo mental inferior e que, portanto, ali subsiste o ilusório, concordamos com isso. Mas, não é isso o que move os opositores, a não ser que a seu parecer, a vida celeste, tal como é e nós a entendemos, resultaria ainda mais ilusória, estéril do que a física, o que se opõe por completo à realidade dos fatos.

Foi dito que no mundo mental inferior o indivíduo forja para si seu próprio ambiente e que por essa razão apenas percebe pequena parte do subplano em que se acha? Pois, também sucede o mesmo no mundo físico em que o indivíduo não percebe no todo seu conjunto, mas apenas aquela parte que sua situação, cultura e faculdades permitem-lhe perceber. É evidente que durante a vida terrena, o conceito que as pessoas têm em geral do quanto a rodeia é incompleto, deficiente e inexato em muitos aspectos, porque o que sabe das forças etérea, astral e mental, atuantes, enquanto percebe e são a mais importante parte do percebido? O que sabe dos recônditos fenômenos físicos que o rodeiam e o contatam a cada passo que dá? A verdade é que tanto na terra quanto no mundo mental inferior vive o homem em um mundo que na sua maior parte é sua própria criação. Nem na terra nem no baixo céu dá-se conta disso, por causa de sua ignorância, de que não conhece nada melhor.

Diz-se que no mundo mental inferior toma o homem seus pensamentos ou imagens mentais por realidade? Pois assim é, porque o mundo mental inferior é o mundo do pensamento e ali apenas o pensamento pode ter realidade. E como queira que no mundo mental inferior reconheça o homem à realidade do pensamento, enquanto que no mundo físico não reconhece tal realidade, em que plano é maior a ilusão? Os pensamentos do homem no mundo metal inferior são para ele realidades capazes de produzir os mais surpreendentes resultados favoráveis nos viventes no mundo físico, pois no mundo mental somente são possíveis os pensamentos amorosos.

Do que foi dito se infere que a teoria que considera ilusória a vida celeste deriva de um falso conceito desta vida e denota conhecimento incompleto de suas condições e possibilidades. O certo é que conforme adiantamos na evolução vamo-nos acercando da única Realidade.

Ajudará ao principiante compreender quão positiva e inteiramente natural é a vida celeste de um indivíduo, ao considerá-la como resultado das vidas astral e física. Todos sabemos que na vida terrena não realizamos nossos altos ideais, nem logramos nossas nobres aspirações, pelo que nos parece haver perdido lamentavelmente tempo e trabalho. Mas, sabemos que não é possível tal perda porque a lei da conservação e transmutação da energia rege também nos planos suprafísicos. Grande parte da energia espiritual que o homem atualiza e libera não pode reagir sobre ele durante a vida terrena, porque enquanto o Ego está sobrecarregado pela carga da carne não será capaz de responder às sutilíssimas vibrações dos planos superiores. Mas, no mundo mental desaparecem todos esses obstáculos e a acumulada energia reage inevitavelmente conforme demanda a lei de justiça. Assim disse o poeta Browning: "Jamais se perde o bem. O que foi reviverá. Bom será o que foi bom e em bem se transmutará o mal".

"Rotos estão na terra os arcos que íntegros em sua redondeza aparecerão no céu.

"Tudo quanto bom quisemos, esperamos ou sonhamos terá realidade em si mesmo, não em semelhança. A beleza, o bem e o poder sobreviverão para o artista quando a eternidade afirme o conceito de uma hora.

"A alteza de ânimo, o heroísmo, a paixão que abandonou a terra para chegar ao céu são música que o amante o e bardo enviam a Deus, que a ouve ao ponto e nós de imediato a ouviremos".

Outro ponto que se deve levar em conta é que o sistema conforme o qual a natureza ordenou a vida física é o único capaz de cumprir seu objetivo de fazer feliz a cada ser em toda a sua aptidão para a felicidade. Se a sorte celeste fosse de uma só índole, conforme supõe a teoria ortodoxa. Alguém haveria que dela se cansasse e alguém também incapaz de participar dela, ou por falta de gosto naquele sentido, ou por carência da tremenda injustiça que suporia a eternidade de semelhante monotonia por ditosa que fosse conferida a todos por igual sem distinguir entre seus méritos.[22]

Por outra parte, que outra ordenação poderia ser igualmente satisfatória com relação aos parentes e amigos? Se os que estão no mundo celeste fossem capazes de presenciar as flutuações de fortuna dos que deixaram a terra seria impossível para eles a felicidade e se, ignorantes do que passam na terra, tivessem de esperar que morressem, estariam, às vezes, muitos anos em suspenso e quando voltassem a ver-se acaso se haveria debilitado o parentesco ou a amizade. No sistema tão sabiamente ordenado pela natureza se evitam todas essas dificuldades, e, cada qual determina conforme as causas que estabelece durante sua vida terrena a duração e a índole da sua vida celeste de modo que não pode ser mais feliz do que mereça, e sua felicidade se acomodará à índole do seu temperamento e idiossincrasia. Estarão continuamente com ele seus mais amados parentes e amigos, sem que nunca apareça a mais leve sombra de discórdia, nem de troca entre eles, pois ele

---

22. As palavras de Cristo: *Na casa do meu Pai há muitas moradas* (São João, 14, vers. 2).

recebe deles exatamente o que deseja receber. Numa palavra, a ordenação divinamente estabelecida é infinitamente superior a qualquer outra que o homem pudesse imaginar em substituição. Que, finalmente, seriam especulações do que ao homem lhe parecera melhor. Contudo, a verdadeira ideia é a de Deus.

Tratemos agora da renúncia à vida celeste. É desde longo tempo a opinião comum dos estudantes de ocultismo, que entre as possibilidades de mais rápido progresso deparadas ao homem conforme adianta, conta-se a de renunciar à vida celeste entre duas encarnações com objetivo de voltar mais rápido a prosseguir a obra no plano físico. Não é que renunciem à recompensa, porque a vida celeste não é tal, mas o resultado da vida na terra durante a qual atualiza o homem, por meio dos seus altos pensamentos e aspirações, certa quantidade de energia espiritual que reagirá sobre ele quando chegue ao mundo mental. Se a energia atualizada é pouca, não tardará em se extinguir e a vida celeste será curta. Pelo contrário, se atualizou copioso caudal de energia, a vida celeste será longa, mas não se há de supor que por isso se detenha seu avanço ou perca ocasiões de ser útil.

Para todos, exceto para alguns indivíduos muito adiantados, a energia é absolutamente necessária à vida celeste, porque somente assim é possível que suas aspirações se convertam em faculdades, suas experiências em conhecimento, e o progresso que desse modo realiza o Ego seja muito maior do que seria possível se por milagre permanecesse durante todo o período em física encarnação. Se fosse de outro modo, resultaria a negação das leis da natureza que quanto mais perto estivessem de cumprir seu magno objetivo, mais determinados e formidáveis seriam seus esforços para se invalidar, o que não se enquadra a leis que manifestam a mais exaltada sabedoria.

A renúncia à vida celeste não está ao alcance de todos. A lei não permite que o homem renuncie cegamente ao que desconhece, nem lhe consente desviar-se do trajeto regular do seu progresso até que o desvio resulte em seu ulterior benefício.

A regra geral é que a ninguém se consente renunciar à vida celeste até que sua consciência tenha evoluído, de sorte que enquanto se ache no mundo físico seja capaz de transportar-se conscientemente ao mundo celeste e ao volver em si do seu êxtase à consciência em vigília, recordar claramente a esplendente glória que tão superior é a quanto seja capaz de conceber o homem comum na terra. Poderia objetar-se dizendo que, pois, se trata do progresso do Ego, bastaria que este em seu próprio plano compreendesse a conveniência de renunciar à felicidade celestial e obrigar, então, a personalidade a que atuasse conforme tal decisão. Mas, não fora esse procedimento de estreita justiça, porque a sorte celeste no mundo mental inferior lhe corresponde ao Ego por meio de sua personalidade, ou seja, por meio do corpo mental inferior, a respeito da renúncia, e para tal seria preciso que, já na vida terrena tivesse o homem a mesma consciência mental que teria ao passar ao mundo mental depois das vidas física e astral.

Não obstante, o dilatar-se da consciência vai do inferior ao superior, e a grande maioria das pessoas são somente conscientes no mundo físico, pois seus corpos astrais estão incipientes e por se organizar. São pontes de trânsito entre o Ego e o corpo físico; são os receptores de sensação, mas não são, todavia, instrumentos de que possa se valer o Ego para sua manifestação consciente no mundo astral.

Nos indivíduos mais adiantados da humanidade tem o corpo astral maior desenvolvimento e o Ego pode em muitos casos concentrar nele sua consciência, ensimesmado em seus próprios pensamentos sem atender ao que o rodeia. Alguns estudantes de ocultismo são plenamente conscientes no mundo astral, e sua atuação agrega valiosos benefícios à humanidade, ainda que tardem algum tempo em recordar no mundo físico suas atividades e experiências no mundo astral. Geralmente, a lembrança é nula na primeira etapa da sua atuação e, pouco a pouco, apresenta parciais e intermitentes recordações, e há casos em que por várias razões nada se lembra no mundo físico da permanência no mundo astral.

Maior avanço indicaria a atuação consciente no mundo mental inferior, enquanto ainda está em vida física o homem que evolui normalmente, ainda que para isso é necessário que previamente se tenha estabelecido bem firme a conexão entre os corpos astral e físico. Mas, nessa civilização moderna unilateral e artificial, nem todos evoluem normalmente, e há casos em que um considerável grau de consciência mental tenha sido adquirido na vida astral e não se transfere à vida física. São muito raros esses casos, mas existem e neles vemos certamente a possibilidade de uma exceção à regra. Uma entidade desse tipo poderia estar bastante evoluída para gozar da indescritível felicidade celeste e adquirir o direito de renunciar a ela, ainda que apenas fosse capaz de transferir a recordação do gozo à vida astral e não à física. Mas como, conforme nossa tese, a personalidade teria plena e perfeita consciência na vida astral, semelhante lembrança bastaria para satisfazer os requerimentos da justiça, ainda que nem a mais leve noção desse processo alcançará a consciência física.

O essencial consiste na renúncia da personalidade à vida celeste, à personalidade lhe incumbe experimentar essa vida para saber a que renuncia, e a recordação da experiência de ser transferida ao plano em que normalmente atue com plena consciência, sem que tal plano tenha de ser necessariamente o físico, pois também pode satisfazer-se as mesmas condições no plano astral, ainda que esse caso seja possível apenas nos discípulos de um Mestre de Sabedoria, que estejam em período probatório.

Portanto, quem deseje renunciar abnegadamente à vida celeste deve se esforçar intensamente em ser um valioso instrumento nas mãos dos que ajudam o mundo dos homens; deve se dedicar fervorosamente a trabalhar pelo bem espiritual do próximo, sem se vangloriar de merecer tão alta honra, a não ser com a humilde esperança de que depois de uma ou duas vidas de vigoroso esforço, seu Mestre lhe diga que chegou a hora de lhe permitir a renúncia à vida celeste.

Capítulo X

O Mundo Mental Superior

Denomina-se também plano causal o alto céu e é constituído pelos três subplanos superiores, ou seja, o terceiro, o segundo e o primeiro do mundo mental, ou sejam, os céus quinto, sexto e sétimo. É o mundo mental arrúpico, em que os pensamentos não necessitam assumir forma, porque a mente abstrata, vibrante por meio do corpo mental superior ou corpo causal, é a tônica do plano em que o ego tem sua própria e permanente morada durante o ciclo de suas reencarnações. Tem o Ego nesse plano clara visão do quanto vê, porque transcendeu as ilusões e o refringente meio da personalidade. Poderá ser tênue, débil e limitada a sua visão, mas é verdadeira.

As condições da consciência no plano causal são tão distintas daquelas que nós estamos familiarizados no mundo físico, que nenhum vocábulo da terminologia psicológica consegue descrevê-las. É o plano causal o reino do nóumeno em contraste com o fenômeno, das causas em contraste com os efeitos, das essências em oposição às demais formas, todavia é um mundo de manifestação, ainda que real, comparado às ilusões dos mundos inferiores, e, também há nele formas, mas de matéria tenuíssima e de essência sutil. Terminado o período a que chamamos vida celeste, todavia, o Ego passará por outra fase de existência antes de renascer na terra, e ainda que na maioria das pessoas seja muito curto esse período, ele ocorrerá, se quisermos ter completo conceito da vida suprafísica do homem.

O hábito vicioso de não considerar mais do que um aspecto parcial da vida do homem, sem parar as mentes em sua verdadeira natureza e finalidade, mantém-nos em contínuo erro, pois geralmente se a vê desde o ponto de vista do corpo físico, não desde o ponto de vista do Ego, que na sua rítmica descida aos mundos inferiores e consequente ascensão ao seu próprio traça extensa linha circular, uma circunferência de que tomamos o arco inferior e o consideramos tal qual uma linha reta a cujos extremos concedemos uma indevida importância, enquanto que nos precavemos dos pontos de conversão do arco circunferencial.

Pensemos em como deve o Ego sentir-se em seu próprio plano, uma vez ali consciente. Em obediência ao desejo de manifestação que lhe infundiu a lei da evolução ou vontade do Logos, imita a ação do Logos, limitando-se nos mundos mental astral e físico, de cujas matérias reveste-se sucessivamente com incessante força progressiva. Na primeira parte do curto período de existência no plano físico a que chamamos vida é, por sua vez, intensa a força que impele, mas no meio da vida se debilita e segue, então, o movimento pelo arco exatamente análogo ao do afélio em órbita de um planeta. É o real ponto de conversão no céu evolutivo, que entre nós não é assinalado, mas que na antiga Índia o foi pelo termo grihastha ou período de chefe de família na existência terrena do homem.

Desde esse ponto, a energia do Ego dirige-se ao interior, isto é, vai se retraindo das coisas terrenas e enfocando-se nos planos suprafísicos aos que tão pessimamente se adaptam às condições de vida europeia. O ponto em que o homem desfaz seu corpo físico não é de especial importância nesse arco da evolução e muito menos importante do que a morte no mundo astral e o nascimento no mental, ainda que na realidade é a missão ou transporte da consciência do corpo astral ao corpo mental no transcurso do constante retraimento a que nos referimos.

O resultado final é conhecido quando nesse processo de retração da consciência volta a concentrar-se no Ego restituído à sua peculiar moradia, o mundo causal. Então, se vê quais novas qualidades adquiriu, ou melhor, dizendo, atualizou naquele ciclo particular de sua evolução. Também percebe o Ego um vislumbre do conjunto de sua vida, pois tem por um momento uma rajada de consciência clara, em que vê o resultado das três etapas física, astral e mental da vida que acaba de passar e também o que resultará dela na proximamente imediata.

Tal vislumbre apenas envolve o conhecimento da índole da próxima encarnação, pois dela o Ego tem somente vago e geral sentimento que descobre seu objeto básico, porém o valor da lição consiste no conhecimento dos resultados kármicos de suas ações passadas e lhe oferece ocasião que aproveitará com maior ou menor vantagem conforme o grau de evolução em que se ache.

No início muito pouco aproveita, pois não tem a consciência apta o bastante para examinar os feitos e registrar suas variadas relações, mas, pouco a pouco, aumenta sua aptidão para apreciar o que vê, até que logra recordar os vislumbres obtidos ao fim do ciclo de vida anterior e compará-los entre si. De modo que a comparação lhe dá a conhecer seu avanço na evolução.

Capítulo XI

Terceiro Subplano:
O Quinto Céu

É o subplano inferior do mundo mental superior ou plano causal e também o mais povoado de todos os subplanos do genérico mundo mental, porque ali estão presentes os sessenta milhões de Egos comprometidos na atual evolução humana, exceto o número relativamente exíguo dos capazes de atuar nos subplanos segundo e primeiro. Cada Ego é representado por uma forma ovoide, que no início é tão só uma película incolor, de tenuíssima consistência, quase sempre invisível, mas que, conforme progrida o Ego, mostra tremeluzente iridescência semelhante a de bolhas de sabão, de modo que as cores brincam em sua superfície como mudam os matizes em uma catarata ferida pelos raios de sol.

É o ovoide, o corpo causal do Ego constituído por uma matéria inconcebivelmente fina, delicada, sutilíssima, intensamente viva, com ígneas vibrações até que ao adiantar notavelmente o Ego em sua evolução se converte o ovoide em fúlgido globo com cores flamejantes, com matizes em absolutamente desconhecidos na terra, tão suaves, brilhantes e luminosos que a linguagem humana é incapaz de descrevê-los. Ao imaginarmos as cores de um poente no Egito e acrescentarmos a maravilhosa suavidade do céu inglês ao pôr do sol e acrescentamos essa luz e essas cores de modo que superem as da paleta, resultará que nem ainda com todo esse esforço de imaginação não será possível a quem não o tenha visto ter uma ideia da beleza desses globos radiantes que fulguram no campo da visão clarividente no mundo causal.

Os corpos causais são preenchidos de um vívido fogo que dimana de um plano superior, de modo que os globos parecem conectados por um fio trêmulo de intensa luz, que relembra a frase de um dos poemas de Dzyán: "A faisca pende da Chama pelo finíssimo fio de Fohat". Conforme avance o Ego, aumenta sua capacidade de receber mais copiosa quantidade de energia divina que como por um canal flui pelo fio que amplia seu calibre para facilitar a passagem da corrente de modo que desde o segundo subplano toma o aspecto de um tubo de comunicação entre o céu e a terra, e em nível muito superior aparece um globo magno de que emana o fluxo vivo em que se funde o corpo causal. Dizem também os poemas de Dzyán: "O fio entre o Vigilante e sua sombra é mais forte radiante a cada mudança. A luz da aurora transmutou-se no esplendor meridiano. Tu és esta roda presente – disse a chama à Faisca. – Tu és eu mesmo, minha imagem e minha sombra. Eu me revisto em ti e eras meu veículo no dia, 'Sede conosco' quando tu fores eu e outros, tu e eu".

Os Egos encarnados no corpo físico distinguem-se dos desencarnados pela diferente tônica vibratória da superfície dos globos, pelo que não há nesse subplano dificuldade em reconhecer à primeira vista se um Ego está ou não em corpo físico. Tanto os encarnados quanto os desencarnados estão em sua imensa maioria semiconscientes, ainda já poucos descoloridos, mas os plenamente conscientes brilham feito estrelas de primeira magnitude entre a multidão de radiação não tão viva, de sorte que a intensidade de vibração e cor denota o grau de evolução de cada Ego..

A maioria não está ainda suficientemente definida para compreender as leis da evolução a que se acha sujeita e deseja encarnar em obediência ao impulso da Vontade cósmica e também pela cega sede de vida manifestada, o desejo de estar onde possa sentir e ter consciência da vida manifestada. Nas primeiras etapas de sua evolução não são capazes de perceber as rapidíssimas e penetrantes vibrações da sutilíssima matéria do mundo causal, e somente respondem às pesadas e lentas vibrações da grosseira matéria física. Assim é que tão só se creem vivos no mundo físico e assim se explica seu intenso desejo de renascer na terra. Durante algum tempo esse desejo concorda exatamente com a lei de evolução, pois apenas podem evoluir por meio de contatos externos aos quais vão se habituando a responder e que pode somente lhes proporcionar a vida terrena. Lentamente, sua capacidade de resposta aumenta e percebem as vibrações da matéria física, etérea e, posteriormente, as da matéria astral. O corpo astral, que até então havia apenas servido de ponte para transmitir sensações ao Ego, começa a ser um veículo que o Ego pode utilizar, e a consciência enfoca-se nas emoções, melhor do que nas sensações meramente físicas.

Pelo mesmo procedimento de se acostumar a responder aos contatos externos, aprende o Ego a concentrar a consciência no corpo mental a e viver conforme as imagens que ele mesmo se forja, assim também aprende a dominar suas emoções por meio do pensamento. Por fim, concentra o Ego a consciência no corpo causal e, então, reconhece sua verdadeira vida. Quando a reconhecerem, achar-se-ão no segundo ou no primeiro subplano e não sentirão o menor desejo de reencarnar. Contudo, no momento, estamos tratando da maioria dos Egos pouco evoluídos que caminham às apalpadelas, brandindo os tentáculos da personalidade no oceano de existência nos planos inferiores de vida, sem se precatar de que a personalidade é o instrumento que lhes servirá para evoluir. Nada vem do seu passado nem do seu porvir, pois, todavia, não são conscientes em seu próprio plano. Conforme vai o Ego passando por experiências e assimilando seus resultados, adquire conhecimento de que certas ações são boas e outras más. Esse conhecimento manifesta-se imperfeitamente na personalidade como incipiente consciência do justo e do injusto. Pouco a pouco, o sentimento de justiça se afirmar, e mais claramente se formula na personalidade de modo a se tornar certo referencial de conduta.

Por meio das oportunidades que deparam as rajadas da plena consciência a que aludimos, os Egos mais avançados do terceiro subplano avançam até a ponto de se ocupar no estudo do seu passado, registrando as causas que o estabeleceram e aprendendo muito dessa retrospecção, de modo que os novos impulsos que os levam adiante são mais claros e definidos e transferem-se à personalidade como firme conhecimento e imperativas intuições.

Não há necessidade de repetir que as imagens forjadas no mundo mental inferior não são transmitidas ao superior, onde já não cabe a ilusão, e cada Ego reconhece sua divina estirpe e se vê e vê os demais Egos em sua verdadeira natureza, do mesmo modo que o homem imortal que passa de vida em vida com todos os laços entretecidos com seu verdadeiro ser.

Capítulo XII

Segundo Subplano:
O *Sexto Céu*

Do subplano densamente povoado que acabamos de ver, passamos a outro muito menos povoado como se tivéssemos passado de uma cidade populosa a uma tranquila aldeia, porque no atual estado da evolução humana apenas exígua minoria de indivíduos chegou a esse alto nível, onde ainda os menos adiantados são definidamente conscientes de si mesmos e de quantos os rodeia. O Ego nesse subplano é capaz de revisar com alguma extensão seu passado e compreende o método e a finalidade da evolução. Dá-se conta de que está empenhado no aperfeiçoamento próprio e reconhece as etapas de vida física, astral e mental pelas quais passou revestido de seus veículos inferiores. Reconhece como parte de si mesmo a personalidade com que está conectado e esforça-se em guiá-la, valendo-se do conhecimento do seu passado como um acervo de experiências das quais formula princípios de conduta com claro e imutável conhecimento do bem e do mal, transmitido à mente inferior para vigiar e dirigir suas atividades. Ainda que durante a primeira parte de sua vida no segundo subplano fracasse repetidamente o empenho de dar a entender logicamente à mente inferior os princípios que lhe transmite, acaba por fixar nela os incontestáveis conceitos de verdade, justiça e honra.

Há regras de conduta a que obrigam as sanções sociais e religiosas, pelas quais o homem se guia em sua conduta diária e que não obstante pode transgredir pela força da tentação ou por algum desejo passional invencível. Contudo, há algo, como a mentira, a traição ou a desonra que o homem evoluído é incapaz de fazer, ainda que a lei humana não o proíba, nem sancione plenamente, porque são coisas contrárias à sua verdadeira natureza, e no mais íntimo do seu ser estão forjados certos princípios que impossíveis de infringir, por muito violenta que seja a pressão das circunstâncias ou a intensidade da tentação, pois são princípios inerentes à vida do Ego. Todavia, ainda que logre guiar seus veículos inferiores, deixa, todavia, de ser claro e preciso o conhecimento deles e de suas ações. Vê nebulosamente os planos inferiores cujos pormenores não compreendem tão bem como os princípios, e parte da sua evolução no segundo plano consiste em se pôr mais e mais consciente no direto contato com a personalidade que tão deficientemente o representa nos mundos inferiores.

Do que foi dito infere-se que apenas se acham no segundo subplano os egos que anelam por aperfeiçoamento espiritual, portanto são capazes de receber a influência dos planos superiores. Amplia-se o canal de comunicação pelo que flui, então, mais energia. Sob essa influência o pensamento adquire singularmente clara e penetrante qualidade, ainda nos Egos menos adiantados, e o efeito dessa qualidade mostra-se na mente inferior, como uma tendência à filosofia e às ideias abstratas. Nos Egos mais evoluídos, a visão tem muito mais alcance do passado, reconhece as causas estabelecidas e como atuaram e o que, todavia, falta para esgotar seus efeitos.

Os Egos residentes no segundo subplano têm amplas ocasiões de progresso quando estão livres dos veículos inferiores, porque podem receber ensinamentos de entidades muito adiantadas e se colocam em direto contato com seus Instrutores, não já por meio de imagens mentais, mas pelo de rajadas luminosas de impossível descrição, em que a essência das ideias voa feito uma estrela de um a outro Ego, e suas correlações manifestam-se feito ondas luminosas que dimanam da estrela central sem necessidade de enunciação separada. No segundo subplano, um pensamento pode ser comparado a uma lâmpada colocada em um aposento que põe à vista todos os objetos circundantes sem a necessidade de descrevê-los.

Capítulo XIII

Primeiro Subplano:
O Sétimo Céu

É o mais glorioso subplano do mundo mental, em que moram poucas entidades pertencentes à nossa humanidade, como são os Mestres de Compaixão e Sabedoria e seus discípulos iniciados. A beleza de forma, cor e som são inefáveis nesse subplano, porque a linguagem humana não tem vocábulos em que possam achar expressão de tão radiante esplendor. Nos planos inferiores semeou-se a semente que frutificou no primeiro subplano do mundo mental, onde o Ego termina sua evolução mental e as qualidades superiores refulgem através da natureza inferior. Caiu dos seus olhos a venda da ilusão pessoal e reconhecem que não é a personalidade, mas o instrumento que lhes serve de manifestação e expressão nos planos inferiores. Por sua vez, a personalidade pode pôr obstáculos e estorvos aos Egos menos adiantados, mas já não cairão no erro de confundir a personalidade com seu verdadeiro ser. Salvam se de semelhante erro por continuidade de consciência com que passam de vida à vida, de sorte que as vidas passadas estão sempre presentes em sua consciência, sem necessidade de vê-las em retrospecto, e todas elas constituem uma só vida.

Nesse primeiro subplano, o Ego é também consciente dos subplanos inferiores nos quais pôde aproveitar plenamente as imagens mentais de seus parentes e amigos, enquanto que no terceiro subplano e na metade inferior do segundo era, todavia, algo inconsciente dos subplanos inferiores e instintiva e automaticamente nas imagens mentais. Mas, ao chegar à metade superior do segundo subplano, aclarou-se rapidamente sua visão e reconhece satisfeito que as formas de pensamento e as imagens mentais serviam-lhe de veículos para se manifestar em certas condições muito melhor do que por meio da personalidade.

No primeiro subplano atua o Ego em seu corpo causal, envolto na magnificente luz e esplendor do sétimo céu. E sua consciência pode enfocar-se instantaneamente em qualquer ponto dos subplanos inferiores, e com energia suplementar tornar intensa a imagem de que deseje valer-se com o propósito de solicitar ensinamentos.

Desse primeiro e supremo subplano do mundo mental flui a maioria das influências dos Mestres de Compaixão e Sabedoria, quando trabalham em favor da evolução humana e atuam diretamente nos Egos dos homens, derramando sobre eles as inspiradoras energias que estimulam o avanço espiritual que ilumina a mente e purifica as emoções. Desse primeiro subplano do mundo mental recebe o gênio a luz que o ilumina e seu guia ali acha todos os esforços de avanço espiritual.

Do modo similar aos raios de sol que se difundem em qualquer o lugar, cada qual os aproveita conforme sua natureza, assim, dos Irmãos Maiores da humanidade a luz e a vida cuja missão é difundir, fluem sobre todos os Egos, e cada qual aproveita o que é capaz de assimilar para seu crescimento e evolução. Como em todas as coisas, a mais excelsa glória do mundo celeste acha-se na glória do serviço, desse modo os Egos que terminaram a evolução mental são as fontes de que dimana a força auxiliadora dos que estão na encosta ascendente.

Capítulo XIV

Habitantes Não Humanos

Ao tentar descobrir os habitantes não humanos do plano mental, tropeçamos com dificuldades insuperáveis, porque ao chegar ao sétimo céu nos pomos em contato pela primeira vez com um plano cósmico e, portanto, com entidades que a linguagem humana é incapaz de descrever. Para nosso propósito, nesse estudo será melhor prescindir inteiramente da numerosa hoste de entidades cósmicas e restringir-nos aos habitantes próprios do plano mental de nossa cadeia de mundos. O mesmo procedimento nós seguimos ao estudar o mundo astral, renunciando aos visitantes de outros sistemas planetários, e, se no mundo astral eram os visitantes dessa índole muito esporádicos, no mundo mental são mais frequentes, pelo que convém seguir nesse caso a mesma regra. Em consequência, bastará dizer algo sobre a essência elemental do plano mental e dos setores do reino dévico relacionados com ele, e, a extrema dificuldade de expor essas ideias relativamente simples demonstrará quão impossível seria tratar de outras que complicariam a questão.

Recordemos que em uma das primeiras cartas recebidas de um Adepto dizia-nos que somente um iniciado era capaz de compreender a condição dos primeiro e segundo reinos elementais, o que demonstra quão infrutífera será o esforço para descrevê-la no plano físico. Antes de tudo, convém ter a exata ideia do que é a essência elemental, porque é um ponto em que gera muita confusão, apesar dos que notavelmente se adiantaram nos estudos teosóficos.

A essência elemental é o nome que se dá à essência monádica em algumas etapas da sua evolução, e por sua vez à essência monádica é o fluxo da divina energia que dimana do segundo aspecto do Logos cai na matéria. Sabemos que antes da essência monádica chegar à etapa de individualização em que forma o corpo causal do homem passará por seis etapas que são: os três reinos elementais, o mineral, o vegetal e o animal. Também é chamada de mônada mineral, vegetal e animal, ainda que essa denominação seja incorreta, pois muito antes de atingir a esses três reinos, já a essência monádica diversificou em múltiplas mônadas. Entretanto, foi adotado o nome de mônada para expressar a ideia de que muito antes de chegar à diferenciação em mônadas não havia chegado ao extremo da individualização. Quando a essência monádica vitaliza os três reinos elementais, que precedem o mineral, é denominada essência elemental.

Mas, antes que seja possível compreender a índole da essência monádica e como se manifesta nos distintos planos, é preciso conhecer o método que segue o espírito ao descer à matéria. Não tratamos agora da formação original da matéria dos planos, mas da descida de nova manifestação de vida na matéria já existente.

Anteriormente ao período de evolução a que nós nos referimos, a manifestação de vida havia evoluído durante inumeráveis idades de um modo apenas compreensível para nós nos sucessivos agrupamentos de átomos, moléculas e células. Todavia, prescindiremos da primeira parte desse estupendo processo evolutivo e tão somente consideraremos a descida da onda de vida na matéria dos planos, que é mais compreensível para a mente humana, ainda que muito distante do plano físico. Quando ao descer, um espírito chega a um plano, não importa qual, vê-se impelido pela irresistível força da evolução a passar ao plano imediatamente inferior, e para se manifestar ali será envolvido, pelo menos, na matéria atômica do plano, de sorte que em cada plano sua envoltura externa é a da matéria atômica do plano em que se acha, e além do mais tem tantas envolturas interiores à externa como planos por onde foi descendo. Assim, é que ao chegar ao plano físico está de tal modo envolto o espírito na matéria de todos os planos do sistema, que não se lhe reconhece por espírito.

Por exemplo, suponhamos que um clarividente experto se proponha a investigar a mônada mineral, isto é, examinar a força animadora do reino mineral. A visão desse clarividente se limitaria ao mundo astral, e a força vital lhe pareceria simplesmente astral. Mas, um clarividente experto observaria que o considerado como força astral pelo inexperiente é matéria astral atômica posta em movimento por uma força que dimana do subplano atômico do plano mental. Os estudantes mais adiantados seriam capazes de ver que a atômica matéria mental é o veículo de uma energia que dimana do subplano atômico do plano búdico; e um Adepto veria que a matéria atômica búdica é o veículo da energia nirvânica, e que a energia operante em todos esses sucessivos véus é uma manifestação da energia divina que dimana do mais além do nosso pracrítico sistema solar.

A essência elemental do plano mental constitui os dois primeiros reinos elementais. Quando em um universo anterior a manifestação de vida chegou em sua evolução ao plano búdico, seguiu descendo até o sétimo céu e animou grandes massas de matéria atômica mental, e foi assim a essência do primeiro reino elemental. Nessa sua mais simples condição, é uma formidável força compressora dos átomos sem combiná-los em moléculas para formar corpos. A energia não estava habituada a vibrar na matéria atômica mental, esse era o seu primeiro contato, e, durante o eón que permanece no plano mental sua evolução consiste em se acostumar a vibrar em todos os tons ali possíveis, a fim de que em qualquer momento seja capaz de animar e utilizar toda combinação de matéria do plano.

Nesse longuíssimo lapso de sua evolução, a essência elemental animará todas as possíveis combinações de matéria elemental superior, e ao fim do período voltará ao subplano atômico, trazendo latentes todas as possibilidades adquiridas. No seguinte eón a essência elemental ou energia em evolução passará ao quarto subplano do mental, envolvendo-se na matéria do subplano. Então, é a essência do segundo reino elemental em sua mais simples condição, e no transcuro de sua evolução acostuma-se a vibrar em todas as combinações possíveis da matéria do mundo mental inferior.

A essência do terceiro reino elemental é a da matéria astral. Parece lógico supor que os dois primeiros reinos elementais existentes no plano mental estarão muito mais adiantados em sua evolução do que o terceiro reino pertencente ao mundo astral. Não obstante, não é assim, porque na terceira fase de sua evolução, chamada involução, quanto mais alto é o plano, menos adiantada em sua evolução ou descida está a energia involutiva, e quanto mais baixo é o plano, mais adiantada está em sua involução, isto é, mais desceu a energia involucionante. Se o estudante não tem muito presente a distinção entre a involução e a evolução, entre a descida e a ascensão, então, tropeçará com dificuldades e entorpecimentos para compreender o conceito geral de evolução.

Tudo quanto expusemos ao tratar da essência elemental do plano astral pode aplicar-se ao plano mental. Acrescentamos agora algo que explique como as sete subdivisões horizontais de cada reino se ordenam em relação aos sete subplanos do plano mental. A subdivisão superior do primeiro reino elemental corresponde-se com o primeiro subplano mental. O segundo e terceiro subplanos mentais subdividem-se cada um em três partes e cada parte corresponde respectivamente a cada parte, é a morada de uma das seis restantes subdivisões do primeiro reino elemental. A superior subdivisão do segundo reino elemental corresponde-se com o quarto subplano mental. Os subplanos mentais quinto, sexto e sétimo subdividem-se cada um em duas partes e cada parte corresponde respectivamente a cada uma das seis subdivisões restantes do segundo reino elemental.

Recordemos que a matéria mental é muito mais sensível ao pensamento do que a matéria astral. Nossos pesquisadores comprovaram sempre a maravilhosa delicadeza com que a matéria mental responde instantaneamente ao pensamento, e nessa resposta consiste na via de dita matéria, cujo progresso é estimulado pelo uso que dela fazem as mais adiantadas entidades de cuja evolução compartilha.

Se pudéssemos imaginar a matéria mental livre da ação do pensamento, apareceria como um informe conglomerado de vibrantes átomos infinitesimais, com maravilhosa intensidade de vida, ainda que involucionam lentamente no caminho de sua descida à matéria. Mas, quando o pensamento a agita e põe em atividade e constrói com ela toda classe de formas estéticas nos subplanos rúpicos e provoca correntes chamejantes nos arrúpicos, recebe um impulso que frequentemente repetido ajuda-a a continuar seu caminho, pois sempre dos subplanos superiores provém um pensamento guiador das coisas do mundo físico. Chega também a esse mundo a essência do plano mental e, portanto, a que formou a primeira envoltura do espírito descendente com o que, paulatinamente, se acostuma essa essência elemental a responder às vibrações da matéria menos sutil, favorecendo sua involução.

Também fica afetada a essência elemental pelas músicas das esplêndidas torrentes de harmonia que sobre o plano mental derramam, os eminentes compositores em transbordante medida a obra que começaram na pesada terra.

Assim mesmo, levaremos em conta a vasta diferença entre a magnitude e o poderio do pensamento no plano mental e a comparativa debilidade dos esforços da mente a que no mundo físico chamamos pensamentos, os quais se iniciam no mundo mental inferior e ao descer passam pelo astral de cuja essência elemental se revestem. Mas, quando o homem avança até o ponto de ser ativamente consciente no sétimo céu, seu pensamento origina-se ali e se reveste da essência elemental do mundo mental inferior, de modo que é infinitamente mais fino, penetrante e eficaz. Se o pensamento se dirige a altos objetos, suas vibrações são rápidas para sintonizar com a matéria astral, entretanto, quando afetam essa matéria são mais eficazes do que os pensamentos originados no plano mental.

Ao levarmos essa ideia além, veremos que o pensamento do iniciado se origina no plano búdico e reveste-se da essência elemental dos subplanos superiores do plano mental, enquanto que o pensamento do adepto provém do plano nirvânico com o inconcebivelmente formidável poder de um mundo inacessível à compreensão comum da humanidade. Assim, conforme se eleva nosso conceito, estendem-se ante nossa percepção dilatados campos em que utilizar nossas faculdades e convencemo-nos de quanta verdade é que a obra de um dia em tão altíssimas esferas excede em eficiência à obra de mil anos no mundo físico.

O Reino Animal

É representado no plano mental por duas principais divisões. No mental inferior achamos as almas grupais a que a imensa maioria de animais estão sujeitos, e no subplano inferior do mental superior vemos os corpos causais dos poucos animais individualizados que a rigor já não são animais, pois nos oferecem o único exemplo que agora podemos ver do primitivo corpo causal em formação, debilmente colorido pelas primeiras vibrações das recém-atualizadas qualidades.

Após sua morte nos mundo físico e astral, o animal individualizado tem longa e sonolenta vida no sétimo subplano mental ou primeiro céu. Sua condição durante esse tempo é análoga a do ser humano no mesmo nível, ainda que com muitíssimo menos atividade mental. Tem por ambiente suas próprias formas de pensamento, ainda que apenas seja consciente delas, e inclui as dos quais fora seus companheiros e os amaram na terra. Se o sentimento amoroso não é egoísta, é capaz de forjar essas imagens, também o será de comover o Ego do amado e excitar na resposta, pelo que afeto, carinho e amor posto nos animais favoritos têm sua resposta a favor da evolução do Ego que os amou na terra.

Quando o individualizado animal se retrai em seu corpo causal à espera de que a roda da evolução o depare diante da oportunidade de encarnar pela primeira vez em forma humana, parece como se perdesse toda noção das coisas externas e permanecesse em delicioso êxtase de paz e alegria. Ainda é possível que adiante interiormente de algum modo de difícil compreensão para nós; porém sabemos que toda entidade comece a evolução humana, já esteja nela, e goza no mundo celeste de quanta felicidade é capaz de usufruir.

Os Devas

Também denominados anjos, maravilhosos e exaltados seres dos quais muito pouco cabe dizer em linguagem humana, e, quase tudo o que deles conhecemos ficou exposto ao tratar do mundo astral. Não obstante, não será demais reiterar a exposição para maior fixação de conceitos. O superior sistema de evolução especialmente relacionado com nossa terra, que nós saibamos, é o dos seres chamados devas pelos hinduístas, e que em outras religiões se denominam anjos. Pode-se considerá-los como um reino imediatamente superior ao humano, da própria sorte que o reino humano é superior ao animal, com a diferença de que, enquanto o animal, para evoluir passará pelo reino humano, o homem, quando chegar ao adepto ou nível asekha se achará frente a seus passos, sete linhas de evolução, uma das quais é o reino dévico.

Na bibliografia oriental, costuma-se empregar a palavra "deva" com o vago significado de uma entidade não pertencente ao reino humano e assim é que, às vezes, inclui por uma parte as altas potestades espirituais e, por outra, a dos espíritos da natureza e elementais artificiais. Nada obstante, em nosso estudo contraímos o conceito de deva aos seres chamados anjos no Ocidente.

Ainda que relacionados com a terra não são circunscritos a ela, pois toda a presente cadeia de sete mundos é para eles um só mundo, porque evoluem em um grande sistema de sete cadeias.

Até agora, tem-se nutrido em grande parte suas hostes de outras humanidades do sistema solar, algumas mais atrasadas e outras mais adiantadas do que nossa, pois muito poucos são os indivíduos daqui que alcançaram a etapa de evolução requerida para ingressar no reino dévico, mas parece certo que algumas das numerosas classes de devas não passaram sua evolução por nenhuma humanidade comparável à nossa.

Atualmente, não nos é possível saber muito sobre os devas, ainda que sem dúvida, a meta de sua evolução deverá ser notavelmente mais elevada do que a nossa; quer dizer que, assim como o objeto da evolução humana é elevar o indivíduo ao nível de adepto ao fim da sétima roda, o objeto da evolução dévica é o de elevar os da primeira categoria a um grau muito maior no mesmo período. Também para eles, como para nós, há um caminho mais escarpado, à moda de atalho, para chegar com o requerido esforço a sublimes alturas que apenas podemos conjeturar.

Classificação Dévica

De inferior a superior há três ordens de devas: os do mundo astral, os do mundo mental inferior e os do mundo mental superior, que na primitiva nomenclatura teosófica denominaram-se: Kâmadevas, Rûpadevas e Arrûpadevas.

Do mesmo modo que o corpo físico é o mais denso do homem, o corpo mais denso de um kâmadevas é o astral e se acha na posição análoga a que se achará a humanidade quando chegar ao planeta F da cadeia. Ainda que ordinariamente atue o kâmadeva no corpo astral, pode transladar-se em corpo mental aos planos superiores, como o homem traslada-se em corpo astral, e a utilização do corpo causal é para o kâmadeva tão fácil como é para o homem a do corpo mental inferior. Analogamente, o corpo comum do rûpadeva é o mental e o do arrûpadeva, o causal, pois o primeiro tem por morada habitual o mundo mental inferior e o segundo o mundo mental superior ou causal.

Mas, além dos Arrûpadevas há outras quatro classes de devas que moram nos quatro planos superiores de nosso sistema solar. E sobre esses devas estão os espíritos planetários cuja consideração não é desse lugar. Cada uma das duas grandes classes de devas habitantes no plano mental subdivide-se em muitas variedades, mas sua vida é tão diferente da nossa, que só cabe dar uma ideia geral dela. Não encontro melhor meio de indicar a impressão produzida na mente de nossos investigadores que reproduzir a palavra de um deles enquanto efetuava a investigação. Disse assim: *(...) o efeito senti de uma tão exaltada consciência, de uma consciência inefavelmente gloriosa, não obstante tão estranha, tão distinta, tão por completo diferente de tudo quanto até então havia experimentado, tão dissemelhante de toda possível classe de experiência humana, que é absolutamente inútil a tentativa de expressá-lo com palavras.*

Também é inútil a tentativa nesse mundo físico de dar ideia do aspecto desses potentes seres, pois varia conforme a tônica de seus pensamentos. Já nos referimos à magnificência e ao admirável poder de expressão de sua linguagem cromática, e também se infere de algumas observações episódicas anotadas ao descrever os habitantes humanos do plano mental, que em certas condições é possível ao homem atuar no referido plano e aprender muito dos devas. Recordemos que um deva animou a imagem mental que havia forjado de um anjo na vida celeste, a criança do coro que aprendeu uma música muitíssimo mais melodiosa do que quantas haviam escutado os ouvidos humanos. Recordemos também o caso em que os devas relacionados com o governo de certas influências planetárias favoreceram a evolução de um astrônomo.

A relação dos devas com os espíritos da natureza tem alguma semelhança, ainda que em maior escala, com a que existe entre o reino humano e o reino animal, pois assim como o animal pode chegar somente à individualização mediante seu contato com o homem, assim também parece que um espírito da natureza pode chegar normalmente a individualizar-se em definida encarnação, por meio de sua familiaridade com os devas.

Sem dúvida do que nada que se disse ou que se possa dizer dessa excelsa evolução angélica vai mais além do roçar da orla de um tema, cujo pleno desenvolvimento deixa-se ao cuidado do leitor para quando sua consciência alcance o necessário grau de evolução. Não obstante todo o exposto, por deficiente e insatisfatório que seja e que deve ser, servirá para dar débil ideia da hoste de auxiliadores com os que o homem se porá em contato conforme avance na evolução e, para mostrar como cada aspiração que suas faculdades tornam possível conforme avança, ficam plenamente satisfeitas pela beneficente ordenação da natureza.

Habitantes artificiais

Poucas palavras são necessárias acerca desse ponto de nosso tema. O plano mental está, todavia, mais povoado do que o astral pelos temporâneos elementais que formam os pensamentos de seus habitantes. E quando se considera muito maior intensidade e eficácia dos pensamentos no plano mental, e que a energia mental é manejada não apenas pelos habitantes humanos encarnados e desencarnados, mas também pelos devas e pelos visitantes de planos superiores, se compreenderá sem dúvida a importância e a influência dos elementais do plano mental.

Não há necessidade de repetir o que foi dito a respeito dos resultados dos pensamentos dos homens e a necessidade de vigiá-los cuidadosamente. Basta nós termos exposto acerca da diferença da ação do pensamento nos subplanos rúpicos e arrúpicos do plano mental para demonstrar como se põem em existência os elementais artificiais do plano mental, e dar alguma ideia da infinita variedade de entidades temporâneas que ali se engendram e a imensa importância da obra que constantemente se realiza por sua mediação, pois de tais entidades aproveitam-se os adeptos e seus discípulos iniciados quando formam com seus pensamentos elementais artificiais de prolongada persistência e de maior intensidade que o mais intenso do mundo astral.

Conclusão

Ao recapacitar acerca do exposto, a ideia predominante é de um sentimento natural de humilhação ao considerar a completa deficiência de toda tentativa para descrever, a inutilidade de todo esforço para expressar em palavras humanas as inefáveis glórias do mundo celeste. Entretanto, por deploravelmente imperfeito que deva ser um ensaio como esse, vale mais do que não se houvesse escrito, e pode servir para inculcar na mente do leitor algum débil conceito do que o espera mais além do sepulcro; e ainda que quando alcance esse brilhante reino de felicidade segura e infinitamente mais do que o moveu a esperar, não deixará de recordar e reconhecer por certas as informações que lhe foram dadas. Tal como hoje está constituído o homem, tem em si princípios pertencentes a dois planos superiores mental ou Manas, porque o Buddhi representa o plano búdico e o Atma ou faísca divina representa o plano nirvânico, que é o terceiro do sistema solar, começando pelo ádhico.

No homem comum, esses dois princípios búddhico e átmico são incipientes e os planos a que pertencem são, todavia, mais impossíveis de ser descritos com palavras humanas do que o plano mental ou o mundo celeste.

Basta dizer que no plano búdico cessa toda limitação, e a consciência do homem dilata-se até que reconhece não somente em teoria, mas também por absoluta experiência, que a consciência de seus semelhantes está incluída na sua própria e sente e conhece e experimenta com absoluta e perfeita simpatia tudo quanto está em seus semelhantes, porque tudo é na realidade parte de si mesmo.

No plano nirvânico, a consciência sobe de ponto, e o homem reconhece que a sua consciência e a dos seus semelhantes é uma só consciência, porque todos são, em realidade, facetas da extrema infinita consciência do Logos em quem todos vivem e movem-se e têm seu ser, de sorte que, quando, como disse a metáfora oriental, "a gota funde-se com o mar", o efeito é melhor como se, ao contrário, o oceano se vertesse na gota, que pela primeira vez reconhecesse que ela é o oceano, não uma parte, mas todo o oceano. Parece paradoxal e de todo incompreensível e até absurdo, mas é absolutamente verdade.

E pelo menos devemos afirmar que o bem-aventurado estado nirvânico não é como alguns que de modo ignorante supuseram – a rasa aniquilação do ser, mas intensa e beneficente atividade, pois conforme ascendemos na escala da natureza, são maiores nossas possibilidades, nossa obra pelos demais é de mais alcance, e que a infinita sabedoria e o infinito poder significam capacidade para o serviço, porque os move o infinito amor.